ARCHIVES DES LETTRES MODERNES

211

URI EISENZWEIG

les jeux de l'écriture
dans *L'Étranger*
de Camus

ARCHIVES

Albert Camus

n° 6

PARIS – LETTRES MODERNES – 1983

ÉDITION UTILISÉE

Sans autre précision, les chiffres entre parenthèses renvoient à la pagination de *L'Étranger* (pp. 1121–1210) dans le volume de la « Bibliothèque de la Pléiade » :

Albert CAMUS. *Théâtre, récits, nouvelles.* Paris, Gallimard, 1962.

(Par commodité nous appellerons Première Partie et Deuxième Partie les sections simplement indiquées I et II dans le texte de l'édition citée – encore qu'à la Table du volume soient mentionnées : Ire et IIe parties ; l'édition du Livre de Poche, en revanche, porte nommément Première et Deuxième Partie dans le texte.)

Toute citation *formellement textuelle* est accompagnée de sa référence (par sigle codé entre parenthèses immédiatement après les extraits des textes étudiés, ou par appel de note pour les sources externes).

Elle se présente soit hors texte, en caractère romain compact, soit dans le corps du texte en *italique* entre guillemets, les soulignés du texte d'origine étant rendus par l'alternance romain/*italique* ; mais seuls les mots en PETITES CAPITALES y sont soulignés par l'auteur de l'étude. Le signe * devant une séquence atteste l'écart typographique (*italiques* isolées du contexte non cité, PETITES CAPITALES propres au texte cité, interférence possible avec des sigles de l'étude).

À l'intérieur d'un même paragraphe, les séries continues de références (par sigles codés) à une même source sont allégées du sigle commun initial et réduites à la seule numérotation ; par ailleurs les références consécutives identiques ne sont pas répétées à l'intérieur de ce paragraphe.

Les références d'une même source extérieure plusieurs fois citée au cours de l'étude sont indiquées entre parenthèses par une pagination et le numéro unique renvoyant à une note qui précise les coordonnées bibliographiques de cette source.

le trouble du greffier

Au milieu de *L'Étranger*, dans le premier chapitre de la Deuxième Partie, un juge d'instruction procède à l'interrogatoire de Meursault. À cette séance assiste un troisième personnage, un jeune greffier «*venu s'installer presque dans mon dos*» (I, 1171). Or, ce personnage ne se manifeste qu'une seule fois au cours de l'interrogatoire — lorsqu'il se trouble : «*Sans transition [le juge d'instruction] m'a demandé si j'aimais maman. J'ai dit : "Oui, comme tout le monde" et le greffier, qui jusqu'ici tapait régulièrement sur sa machine, a dû se tromper de touches, car il s'est embarrassé et a été obligé de revenir en arrière.*» (1172). Situé comme il l'est au centre du récit, à l'articulation de ses deux Parties, le trouble du greffier mérite une attention particulière. Trois éléments le rendent significatif : la nature des propos de Meursault qui l'occasionnent, la fonction narrative du juge et du greffier, ainsi que la configuration spatiale de la scène.

Cette dernière est d'une iconicité, quasi géométrique. Faisant face au juge d'instruction et ayant le greffier derrière lui, Meursault se trouve, en effet, cerné par l'institution judiciaire d'une manière qui symbolise son enfermement en prison, d'une part, et l'enchâssement de la scène de l'interrogatoire dans le texte tout entier (la Première Partie étant déjà terminée, la Deuxième ne faisant que commencer), de l'autre. En d'autres termes, Meursault est triplement entouré, ici, et cet ordre ternaire (texte, *locus* et personnages) s'articule sur deux plans *a priori* distincts : le *judiciaire* proprement dit — juge et prison — et le *scriptural* — greffier et texte[1].

Or, si l'association juge-prison est évidente, celle qui concerne le greffier et le texte de *L'Étranger* est plus singulière. En effet, la fonction intra-diégétique du greffier, à travers la représentation scripturale des questions du juge et, surtout, des réponses de Meursault, est de représenter, d'inscrire le récit de ce qui s'est passé. Autrement dit : d'assurer la rédaction, *une* rédaction de *L'Étranger*. D'ailleurs, face au juge d'instruction caractérisé par « *une longue moustache grise et d'abondants cheveux blancs* » (1169), il y a une affinité incontestable entre Meursault — sujet, narrateur, *employé aux écritures* — et le greffier qui, lui aussi, est jeune. Une première lecture des quelques pages où apparaît le greffier suggère ainsi la nature spéculaire de ce personnage et de son activité ou, plus simplement, une mise en abyme du texte de *L'Étranger*.

Bien entendu, cette inscription du récit dans le récit n'est pas le seul fait du greffier ; elle appelle la participation du juge d'instruction. Celui-ci personnifie ici une étroite association de la Loi à l'écriture. D'abord dans son apparence même : nous le présentant assis derrière son bureau, le narrateur précise qu'il avait « *déjà vu une description semblable dans des livres* » (1169). Ensuite, et surtout, dans son rôle proprement narratif : ce sont les questions du juge qui appellent les réponses de Meursault, fondant ainsi l'activité du greffier. Si ce dernier représente la contribution du scriptural au processus judiciaire, le juge, lui, met en quelque sorte la Loi au service de l'écriture. Et tous deux, juge et greffier, collaborent à un processus scriptural qui renvoie à la rédaction du texte lui-même.

Encerclé par le judiciaire, enfermé en prison, le sujet Meursault est ainsi indiqué comme étant littéralement incarcéré dans le texte. Dans un « texte écrit », devrait-on préciser, puisque le récit suscité par les questions du juge et transcrit par le greffier est censé, lui, être raconté *oralement*. Le sujet de *L'Étranger* apparaît ici comme une parole emprisonnée dans du scriptural.

Mais le greffier se trouble ; la linéarité exemplaire de l'écrit, la régularité machinale de la frappe sont perturbées. Cette petite crise scripturale renvoie à quelque chose d'*inattendu* dans l'audition des propos de Meursault. Ce qui, d'une manière ou d'une autre, suppose une *attente* de la part du fonctionnaire. Celle-ci est à souligner : elle indique que l'écriture, loin de se contenter de reproduire une parole qui lui pré-existerait, prétend en fait la *codifier*. Et c'est ce qu'elle fait ici, en fin de compte, puisque la problématique parole—écriture (Meursault—système judiciaire) tout entière est comprise dans le texte écrit de Camus. Le bureaucrate se trouble, certes, manifestant par là la réception d'un écart aux normes, mais cet écart est aussitôt réintégré au processus : il « revient en arrière » et recommence à taper le passage en question. Le trouble éphémère du greffier souligne *a contrario* le caractère fondamentalement régulateur de son activité ainsi que, corrélativement, la condition essentiellement scripturale du sujet actantiel du récit.

Or, ce qui trouble le greffier, ce n'est évidemment pas l'affirmation par Meursault de son amour pour sa mère, mais bien le ravalement de cet amour au rang d'un phénomène commun (« *"comme tout le monde"* » (1172)). Non pas que le système (judiciaire, scriptural) désire que Meursault sorte de l'ordinaire ; bien au contraire, l'attente de l'écriture suppose une conformité à des règles générales de la part du sujet. Mais c'est bien là le paradoxe, le caractère trompeur des exigences du système : Meursault ne peut se conformer à la règle générale qu'en affirmant une identité (ici : un amour filial) extraordinaire. Il ne peut être « comme tout le monde » qu'en affirmant précisément l'inverse. Il ne peut satisfaire aux exigences du système qu'en donnant une réponse fausse. Le régime scriptural n'appelle pas une vérité mais une illusion ; il ne s'y agit pas de réalité mais d'un *jeu*.

À cet égard, la posture de Meursault, dans le cabinet du juge d'instruction, n'est pas indifférente : il *tourne le dos* au greffier.

L'analyse montrera qu'il ne cesse de tourner le dos à tout ce qui a trait au scriptural, tout au long du récit. Ce qui l'amènera d'ailleurs à tourner le dos au texte lui-même, en fin de compte. C'est-à-dire à mettre fin à sa propre existence, celle-ci étant précisément articulée par l'écriture de Camus. Tournant le dos au greffier qui, d'une certaine manière, écrit *L'Étranger*, Meursault manifeste une attitude relevant fondamentalement d'une dénégation sur le plan de la communication, puisque *L'Étranger*, c'est Meursault qui en est le narrateur. Ce qu'il faut souligner, toutefois, c'est que le texte pose cette attitude comme inévitable : le trouble du greffier, en dévoilant les exigences tronquées du système, indique l'impasse dans laquelle se trouve celui qui y est soumis. Meursault ne peut donner la réponse exigée («je suis comme tout le monde») qu'en prétendant s'y opposer («mon amour filial est unique»). Dans un univers régi par la Loi du Livre, ce passage de *L'Étranger* semble ainsi poser le sujet authentique comme devant *nécessairement* rejeter cela même qui le constitue, l'écriture.

L'*écriture* et non, simplement, le texte. Car ce n'est pas le roman de Camus mais bien sa *production* qui est présentée à travers l'activité du fonctionnaire. En fait, à aucun moment du récit ne voit-on vraiment apparaître le compte rendu du greffier en tant que tel. Ni anticipé, ni constaté comme pièce du dossier, le récit du récit de Meursault n'est jamais *présent* en tant que produit fini. Tout au plus le saisit-on « de profil », en quelque sorte, à travers sa propre rédaction. Et encore, de cette rédaction, Meursault (ainsi que, d'une certaine manière, le lecteur) ne perçoit que ce qui est précisément *absent* de tout texte écrit : la sonorité de l'inscription, ici celle de la machine à écrire. Tournant le dos au greffier, Meursault ne voit jamais ne serait-ce que l'ombre d'une lettre de ce qu'écrit celui-ci. Ce qui est reflété en ce passage central de *L'Étranger*, ce n'est pas le récit mais sa production scripturale. La nuance est capitale et demande qu'on s'y arrête, car l'enjeu de l'analyse en dépend.

*

Toute reproduction spéculaire d'un texte, à l'intérieur même de sa diégèse, implique en soi l'existence de structures formelles spécifiques dont le sens est à élucider[2]. Ainsi, pour ne prendre qu'un aspect de cette problématique, une caractérisation du récit intra-diégétique (comme imaginaire ou descriptif, mensonger ou véridique, valable ou non, etc.) renvoie nécessairement à un statut spécifique du texte tout entier. Or, un tel rapport exhibe un ordre proprement idéologique : articulant les deux pôles de la structure spéculaire sur un mode spécifique — dénégation, contradiction, redondance, etc. — il exprime une prise de position par rapport aux problèmes de l'expression, de l'Être et de sa représentation, de la Vérité.

Cependant, s'agissant de textes *écrits*, toute mise en abyme manifeste également un choix par rapport à cela même qui prend le texte en charge, par rapport au scriptural. Et loin d'être marginale à l'égard des structures et du sens d'une mise en abyme, la position intra-diégétique de l'écriture (absente, en principe, d'un récit raconté oralement par un des personnages ; archi-présente dans un roman épistolaire, etc.) est nécessairement centrale, primordiale, dans l'analyse. Au fond, toute étude d'un récit spéculaire devrait se situer *a priori* dans le contexte général d'un rapport à l'écriture[3].

Une telle affirmation, banalement méthodologique en soi, acquiert une résonance particulière dès lors que la réflexion philosophique rapporte le champ conceptuel dans lequel se situent signe, voix, écriture — à la Métaphysique, à l'Histoire. Ainsi, les travaux de Jacques Derrida[4], en soulignant les implications métaphysiques du privilège de la parole dans la conception classique du langage et, corrélativement, du rôle second qu'y joue l'écriture, nous invitent à accorder un sens spécifique aux structures narratives de la littérature occidentale, selon qu'elles impliquent la prééminence — intra- ou extra-diégétique — de l'écriture (journal, mémoires, documents, etc.) ou du langage parlé (récit oral, dialogue). Et ce qui est valable pour toute analyse structurale du texte l'est *a fortiori* pour ce qui concerne le récit spéculaire. Si toute structure de mise en abyme d'un texte (écrit) implique avant tout une prise de position par rapport au scriptural, le texte lui-même n'étant alors qu'une des manifestations possibles de l'écriture, – une telle prise de position indique plus profondément un choix métaphysique et, dans un contexte historique donné, une idéologie à l'œuvre.

Aussi, se détournant non pas simplement de la représentation intra-diégétique du roman (le compte rendu du greffier), mais de sa *production* scripturale, et privilégiant, par contre, la parole en répondant aux questions du juge d'instruction assis en face de lui, Meursault lu par la grammatologie s'inscrit incontestablement dans une tradition métaphysique bien précise : celle qui va de Socrate à Saussure et dont la déconstruction derridienne ne cesse de déposer le bilan. La position paradoxale du sujet du texte se détournant de ce qui fait le texte acquiert soudain une signification qui va bien au-delà d'une analyse purement formelle. Et se dessinent, encore vagues, les contours d'une *situation idéologique* de *L'Étranger* qui devrait expliquer, du moins partiellement, le succès historique de ce roman, l'un des plus lus dans la seconde moitié du XXe siècle.

*

L'analyse qui suit tentera de confirmer ce postulat en élargissant les perspectives et en visant à déterminer la fonction et la position du scriptural (et, corrélativement, de la parole) dans l'ensemble de la diégèse de *L'Étranger*. On y verra que l'oral et le scriptural sont caractérisés avec cohérence, tout au long du texte, tant par l'attitude du sujet que par les développements du récit. À tel point que ce ne sera plus le récit qui semblera situer les valeurs respectives de l'écriture et de la parole, mais bien celles-ci qui s'avéreront régir la diégèse tout entière. Dans *L'Étranger*, comme dans tout texte, c'est au long du parcours du sujet et par rapport à lui que se dévoileront les lois du monde dans lequel il évolue ; or, parallèlement à l'attitude (négative) de Meursault par rapport à l'écriture, s'exhibera la soumission de l'univers diégétique à la Loi de cette dernière. Ainsi, si l'évolution du sujet sera celle d'un vouloir[5] concernant l'oral — vouloir se taire dans la Première Partie, vouloir parler dans la Deuxième —, l'analyse montrera que c'est l'écriture qui articule cette diachronie en fondant les événements (télégramme, lettres...) qui la constituent.

D'autre part, cette réalité du texte qu'est la Loi de l'Écriture sera identifiée à une loi sociale : celle du Père. *L'Étranger* doit également être lu comme une naissance suivie d'un échec de l'ordre de l'œdipe ; et cette naissance (ainsi que tout le *travail* qui précède) est elle aussi, directement, le fait de l'écriture, de même que l'échec lui-même, du reste, ce qui constitue un suprême paradoxe puisque le régime scriptural y montre qu'il ne réussit pas à assimiler ce que lui-même aura créé : un sujet. Corrélativement, son Désir ne se pliant pas à la Loi de l'Écriture qui règne dans l'univers diégétique de ce roman et qui, dès le début, articule son identité, Meursault court fatalement à son propre anéantissement.

L'analyse observera également qu'étant le *Pouvoir*, l'écriture imprègne de ses caractéristiques les divers plans du texte et plus particulièrement l'ensemble des rapports *sociaux* au sein de l'univers diégétique, créant des *micro-pouvoirs*[6] se traduisant par une variété de registres de parole chez les divers personnages. À travers cette multiplicité des registres, l'écriture régit la société tout entière, distribuant les personnages, les fonctions, en *classes* se situant toutes par rapport à une *production*, celle du sens.

L'on passera ainsi d'une lecture *symptomatique* (caractérisation de l'écriture intra-diégétique ; détermination des rapports Meur-

9

sault—écriture, Meursault—parole) à une lecture *structurelle* du texte (naissance du sujet, avortement de son identité), pour aboutir enfin à des ouvertures d'ordre *homologique* (où s'esquisseront des rapports possibles entre la société du texte et l'Histoire ou, si l'on préfère, entre la production du sens et celle de la marchandise). Au long de ce parcours se constituera progressivement le système épistémologique de *L'Étranger* où, face au Paradis du non-dire, l'écriture se pose comme la seule articulation possible du réel, la parole étant l'indispensable intermédiaire. En d'autres termes, se dessinera une théorie de l'écriture situant l'ensemble du texte (narration et personnages) dans un contexte historico-idéologique déterminé.

Ainsi, les dernières pages de cette étude, tirant les conclusions de l'analyse textuelle, tenteront de montrer que, posant l'écriture comme seule réalité du texte tout en refusant à cette réalité la valeur de vérité, la narration et le narrateur de *L'Étranger* indiquent l'impasse dans laquelle se trouve la représentation romanesque moderne. L'on, y suggérera également qu'une telle impasse est inhérente au roman dans la mesure où celui-ci vise l'expression d'une *totalité*, autrement dit qu'il s'agit d'une problématique de type *romantique*. Ce romantisme de *L'Étranger*, on essaiera enfin de le situer dans un contexte historique précis, où l'impasse que l'on vient d'indiquer résulte, très concrètement, d'une révolution intertextuelle : celle qui est provoquée par l'influence grandissante de la littérature américaine moderne et, surtout, par la révolution cinématographique.

Et le trouble du greffier ressemblera de plus en plus, rétrospectivement, à l'effarement du dialoguiste/scénariste s'apercevant au cours de la prise de vue que l'acteur ne respecte pas son *script*. C'est que, passant de la Première Partie à la Deuxième, Meursault, lui, ressemble étrangement à un acteur de films muets confronté à la nouvelle réalité du « parlant » où, pour bien jouer son rôle, il faut l'avoir *lu*.

10

SYMPTOMATIQUES

I

LE CARACTÈRE DE L'ÉCRITURE

insignifiance, jeu, mensonge

C'est dès l'abord du texte que se manifeste la négativité de l'écriture et ce, au niveau de sa propre raison d'être — le vouloir-dire : «*Aujourd'hui, maman est morte. Ou peut-être hier, je ne sais pas. J'ai reçu un télégramme de l'asile : "Mère décédée. Enterrement demain. Sentiments distingués.". Cela ne veut rien dire. C'était peut-être hier.*» (I, 1125). Ainsi, à travers un télé-gramme, quintessence de l'écriture, en quelque sorte, celle-ci montre son incapacité à signifier, à indiquer adéquatement le réel à travers le déictique *demain*. Cette caractérisation du scriptural est essentielle dans *L'Étranger*, ouvrant le récit et lui conférant une tonalité particulière [7]

Or, ne disant rien, ne signifiant pas ce qu'elle est censée signifier, l'écriture se trouve associée au jeu. Ainsi, pour s'amuser, Meursault découpe une réclame dans un vieux journal : «*Un peu plus tard, pour faire quelque chose, j'ai pris un vieux journal et je l'ai lu. J'y ai découpé une réclame des sels Kruschen et je l'ai collée dans un vieux cahier où je mets les choses qui m'amusent dans les journaux.*» (1137-8). Jouant pour tuer le temps, le sujet

11

s'occupe de produits de l'écriture, surtout de vieux journaux. Phénomène qui se reproduit symétriquement dans la Deuxième Partie, avec l'histoire du Tchécoslovaque que Meursault découvre dans un vieux morceau de journal, dans sa cellule : «*Il me restait alors six heures à tuer avec les repas, les besoins naturels, mes souvenirs et l'histoire du Tchécoslovaque.*» (1180) — histoire que le texte conclut ainsi : «*J'ai dû lire cette histoire des milliers de fois. D'un côté, elle était invraisemblable. D'un autre, elle était naturelle. De toute façon, je trouvais que le voyageur l'avait un peu mérité et qu'il ne faut jamais jouer.*». Cette conclusion constitue une sorte d'auto-critique, puisque c'est en *jouant*, en jouant à *écrire* la lettre de Raymond, que Meursault aura déclenché le récit proprement dit. Cependant, l'association de l'écrit au jeu revient avec une insistance particulière dans le contexte de la fonction suprême de l'écriture : la Loi.

En effet, face au juge d'instruction, la première réaction de Meursault est de ne pas le prendre au sérieux : «*Au début, je ne l'ai pas pris au sérieux.*» (1169), affirmation suivie par une description explicative : «*Il m'a reçu dans une pièce tendue de rideaux, il avait sur son bureau une seule lampe qui éclairait le fauteuil où il m'a fait asseoir pendant que lui-même restait dans l'ombre. J'avais déjà lu une description semblable dans des livres et tout cela m'a paru un jeu.*». L'association, qui concerne ici le représentant de la Loi, est claire : livre = non sérieux = jeu. Certes, ce jugement se trouve rapidement nuancé : «*Après notre conversation, au contraire, j'ai regardé et j'ai vu un homme [...] [qui] m'a paru très raisonnable [...].*». De même, plus loin, à l'audition de la sentence, au tribunal, il se produira chez le sujet une transition d'un état d'esprit à l'autre. Ne reconnaissant pas, d'abord, «*beaucoup de sérieux à une telle décision*» (1201), il poursuit aussitôt en affirmant : «*Pourtant, j'étais obligé de reconnaître que dès la seconde où elle avait été prise, ses effets devenaient aussi certains, aussi sérieux, que la présence de ce mur tout le long duquel j'écrasais mon corps.* ». C'est que, par une logique inexpliquée, peut-être inexplicable, les effets de l'écriture sont sérieux, graves même, alors que l'écriture elle-même n'est au fond qu'un jeu. Contraste qui entraîne par ailleurs la conclusion déjà observée de Meursault, dans sa cellule : « [...] *il ne faut jamais jouer.* » (1180).

Jeu, l'écriture l'est toutefois, en deçà (ou au-delà) de ses conséquences, parce qu'elle est indifférente à la valeur de vérité. L'écriture est caractérisée par le manque de signification, ainsi que par le mensonge. Ainsi la lettre que Meursault écrit pour Raymond, lettre qui, comme le dit le procureur au procès, est « *à l'origine du drame* » (1191), cette lettre est doublement mensongère. D'abord par son contenu, ensuite du fait de la signature (ou de sa rédaction, ce qui revient au même : Raymond signant une lettre écrite par Meursault). Par ailleurs, l'écriture est également caractérisée (indirectement, cette fois) comme trompeuse, par opposition à la représentation iconique qu'est la photographie. Ayant longtemps cru, à la suite de ce qu'on lui avait enseigné sur la Révolution de 1789, que « *pour aller à la guillotine, il fallait monter sur un échafaud* » (1202), Meursault se souvient, un matin, « *d'une photographie publiée par les journaux à l'occasion d'une exécution retentissante. En réalité, la machine était posée à même le sol* [...]. ». Après la Loi, c'est donc l'Histoire qui est touchée. À travers ces deux fonctions essentielles de l'écriture, c'est cette dernière que *L'Étranger* met en cause, radicalement, et sur deux plans : celui de la *linéarité*, qui l'oppose à l'instantanéité de la représentation photographique, et celui où, s'articulant en éléments discrets et arbitraires, elle est confrontée à l'homogénéité insécable et iconique (« *En réalité* ») du plastique.

l'écriture et la syntagmatique du vécu

Cette qualification constante de l'écriture comme négative, comme ludique, comme mensongère ou non-signifiante s'inscrit dans un contexte diégétique précis. Il s'agit de l'opposition entre scriptural et «vécu», opposition qui, dans *L'Étranger*, s'exprime surtout par une mise en question de la dimension syntagmatique de la succession des événements.

Notons d'abord que, tout au long du texte, l'écriture — elle-même ou par le biais de ses représentants : hommes de loi, etc. — tente de *remplacer* le vécu, au point de l'empêcher de survenir. Ainsi, le dossier du directeur de l'asile fait taire le sujet : «*Il a consulté un dossier et m'a dit : "Mme Meursault est entrée ici il y a trois ans. Vous étiez son seul soutien". J'ai cru qu'il me reprochait quelque chose et j'ai commencé à lui expliquer. Mais il m'a interrompu : "Vous n'avez pas à vous justifier, mon cher enfant. J'ai lu le dossier de votre mère."* » (1126). Plus loin, c'est l'avocat qui priera Meursault, accusé, de ne pas dire certaines choses à l'audience : «*Ici, l'avocat m'a coupé et a paru très agité. Il m'a fait promettre de ne pas dire cela à l'audience* [...].» (1170). Injonction qui se répétera plus brutalement lors de l'audience même : «*Malgré mes préoccupations, j'étais parfois tenté d'intervenir et mon avocat me disait alors : "Taisez-vous, cela vaut mieux pour votre affaire." En quelque sorte, on avait l'air de traiter cette affaire en dehors de moi. Tout se déroulait sans mon intervention. Mon sort se réglait sans qu'on prenne mon avis.* » (1193). Ce sentiment reviendra à la surface lorsque l'avocat prendra littéralement la place du sujet-accusé :

La plaidoirie de mon avocat ne semblait ne devoir jamais finir. À un moment donné, cependant, je l'ai écouté parce qu'il disait : « Il est vrai que j'ai tué.» Puis il a continué sur ce ton, disant « je » chaque fois qu'il parlait de moi. J'étais très étonné. Je me suis penché vers un gendarme et je lui ai demandé pourquoi. Il m'a dit de me taire et, après un moment, il a ajouté : « Tous les avocats font ça.» Moi, j'ai pensé que c'était m'écarter encore de l'affaire, me réduire à zéro et, en un certain sens, se substituer à moi. (1196-7)

L'écriture repousse, refoule ainsi le vécu, le « récit véritable », et prend sa place[8]. D'une manière ou d'une autre, ce refoulement se fait dans la violence, ce qui fait qu'il s'agit là d'une usurpation plutôt que d'une simple substitution. Mais ce qu'il faut souligner ici, c'est le rapport essentiellement *inadéquat* qui surgit dès lors que l'écriture, refoulant le vécu, prétend en même temps le *représenter* (de même que l'avocat *représente* l'accusé).

Deux phases essentielles constituent l'avènement de l'écriture. D'une part, il y a distanciation du vécu, ce que l'on pourrait appeler la « distinction entre récit racontant et récit raconté »[9]. N'est-ce pas ce qui se passe lorsque Meursault écrit pour Raymond, signant à la place de ce dernier « *une lettre "avec des coups de pied et en même temps des choses pour [...] faire regretter"* » (1146)? Cette fausse signature, ce faux, en quelque sorte, ne peut se faire que grâce à cette caractéristique essentielle de l'écriture que de *n'être là que lorsque le vécu est absent*. Remplaçant ce dernier, l'écriture le met à distance — faute de pouvoir totalement l'anéantir. Se crée une marge essentielle entre le récit racontant et le récit raconté : celle qui existe entre la lettre et ses « coups de pied ».

Cependant, la manifestation la plus concrète de cette marge est l'*inadéquation*, celle qui perçait justement à travers le déictique *demain*, dans le télégramme, produisant ainsi le non-sens mentionné plus haut. Cette inadéquation découle de la deuxième phase dans l'installation de l'écriture : qui consiste à représenter le vécu, c'est-à-dire à le ramener à une certaine forme de *présence*, après l'avoir mis à distance. Or, il est intéressant de constater que cette présence du vécu dans l'écriture est constamment caractérisée par une discontinuité formelle qui cause une rupture de sens. En effet, tout au long du texte, l'écriture est associée, d'une manière ou d'une autre, à ce que l'on peut appeler des « syntagmes rompus ».

Le télégramme en est un, bien sûr, au niveau syntaxique, qui ouvre le récit en le marquant d'un caractère particulier. Mais il en est d'autres, essentiels, qui jalonnent le texte. Ainsi, l'anecdote déjà mentionnée de la réclame découpée dans un vieux journal, où se manifeste un double déphasage : d'abord, le journal, vieux, se situe hors de son contexte signifiant originel ; ensuite, l'intérêt que porte le sujet à l'écrit se résume à ce qui, du syntagme (du journal), se détache, se découpe. Du reste, il faut souligner le fait que pour « amuser » Meursault, une « chose » (écrite) doit au préalable avoir appartenu à un syntagme s'insérant lui-même dans le grand syntagme du vécu : un journal. En effet, le sujet ne colle dans son vieux cahier que des « *choses qui [l]'amusent dans les journaux* » (1138). Le rapport qui s'instaure donc entre ce spécimen de l'écriture − la réclame, la « chose » − et la grande syntagmatique du vécu est celui d'une double rupture : rupture entre la « chose » et le journal d'où elle est découpée, et celle intervenant entre ce journal et son contexte élémentaire : l'actualité, la temporalité simultanée. Un exemple quasiment identique est celui de l'histoire du Tchécoslovaque, elle aussi relatée dans « *un vieux morceau de journal presque collé à l'étoffe, jauni et transparent* » (1180). Accentuant ici la rupture du syntagme (vieux journal, article découpé), cet écrit-ci n'est même pas entier : « *Il relatait un fait divers dont le début manquait* [...]. ». Cependant, du point de vue où se place cette analyse, la signification est la même : l'écriture est associée à une rupture de syntagme et, par là, donc, à une non-signification, au jeu, sinon au mensonge (l'histoire «*était invraisemblable*»).

C'est ce qui transparaît également à travers ce que Meursault saisit du déroulement du procès, à chaque fois qu'il est question de lectures de textes écrits : des bribes, des fragments. Ainsi : «[...] *je n'ai pas très bien compris tout ce qui s'est passé ensuite, le tirage au sort des jurés, les questions posées par le président à l'avocat, au procureur et au jury* [...], *une lecture rapide de l'acte d'accusation, où je reconnaissais des noms de lieux et de personnes, et de nouvelles questions à mon avocat.*» (1184). De même, au sujet du réquisitoire du procureur, le texte le dit fort clairement : «*Ce sont seulement des fragments, des gestes ou des tirades entières, mais détachées de l'ensemble, qui m'ont frappé ou ont éveillé mon intérêt.*» (1193). Le caractère fragmentaire de ce qui est lu à l'audience, pour Meursault, revient encore deux fois. Juste avant la délibération des jurés : «*Très vite, on a lu aux jurés une série de questions. J'ai entendu "coupable de meurtre" ... "préméditation " ... "circonstances atténuantes ".*» (1198), ainsi qu'au moment de la lecture du verdict : «*Des portes ont claqué. Des gens couraient dans des escaliers dont je ne savais pas s'ils étaient proches ou éloignés. Puis j'ai entendu une voix sourde lire quelque chose dans la salle.*» (1199). Il est à souligner qu'à chaque fois, le texte précise qu'il s'agit d'une *lecture*, et non d'une simple énonciation. C'est l'*écrit* qui est ici en question, et c'est lui qui est à la source de cette dislocation répétée du syntagme, de cette perte de sens.

S'esquissent donc les caractéristiques opposées du vécu et de l'écriture. Le premier est conçu ici comme une continuité doublement indissociable : au niveau des événements, d'abord, qui s'enchaînent dans un «fondu» où la causalité et l'argumentation n'ont aucune place ; sur le plan narratif, ensuite, où se distinguent habituellement récit racontant et récit raconté. Et c'est là qu'intervient l'écriture. Elle rompt, ou tente de rompre cette unité existentielle en en découpant le *continuum* vécu en élé-

17

ments distincts, discrets, comme des mots, comme des phrases :
les événements. Ce qui nécessite automatiquement l'insertion
d'une logique, afin de relier ces éléments épars. D'où le parallèle
entre la causalité et la syntaxe[10]. Cependant, si l'écriture réussit
à dissocier les événements les uns des autres, elle échoue, dans la
diégèse de *L'Étranger*, à les relier ensuite. La logique cartésienne
ne peut pas s'appliquer au vécu existentiel. L'écriture ne peut pas
rendre la réalité. Il est significatif, du reste, que le Temps soit un
élément privilégié de ce « vécu » que le scriptural échoue à signifier. C'est en effet la temporalité qui est mise en question dans
le passage concernant le télégramme («*demain* » (1125)), dans
l'histoire du Tchécoslovaque (vieux journal = «*invraisemblable* »
(1180)), dans le rapport que Meursault établit entre «*le fait que
la sentence avait été lue à vingt heures plutôt qu'à dix-sept* »
(1201) et le peu de sérieux de cette sentence, dans les faux ren-
seignements tirés des livres d'*Histoire* au sujet de la guillotine,
etc. Cette constante est à relier à la linéarité de l'écriture :
c'est en son *essence* — «*Le livre est un peu plus tenu qu'on ne
le dit souvent aujourd'hui par la fameuse* linéarité *du signifiant
linguistique, plus facile à nier en théorie qu'à évacuer en fait* »
(p. 78[11]) — que l'écriture est posée comme inadéquate.

Aussi bien, c'est à partir de telles constatations faites sur le
plan de la diégèse, que l'analyse du « style » prend son sens.
Ainsi, les percutantes remarques de Jean-Paul Sartre n'ont rien
perdu de leur actualité, à les relire dans le contexte d'une interprétation plus structurale que la sienne : «*La phrase est nette,
sans bavures, fermée sur soi ; elle est séparée de la phrase suivante par un néant, comme l'instant de Descartes est séparé de
l'instant qui le suit. Entre chaque phrase et la suivante le monde
s'anéantit et renaît : la parole, dès qu'elle s'élève, est une création* ex nihilo ; *une phrase de* L'Étranger, *c'est une île.* » (p. 114[12]).
Tout y est : Descartes, la dislocation du récit en phrases isolées,
ainsi que l'explication : «*[...] on évite toutes les liaisons causales,*

qui introduiraient dans le récit comme un embryon d'explication et qui mettraient entre les instants un ordre différent de la succession pure». Cependant la perspective philosophique dans laquelle Sartre lit le texte de l'auteur du *Mythe de Sisyphe* l'empêche de concevoir ces caractéristiques comme correspondant à autre chose qu'une thèse extra-diégétique : par exemple, à une certaine détermination de l'écriture conçue comme un élément de l'univers spatio-temporel imaginaire (symbolique ou structurel) du texte. Ainsi, le style hachuré de *L'Étranger*, cet isolement des phrases, l'absence de liaison causale entre ces dernières, tout cela n'a pour but, finalement — dans l'optique sartrienne —, que de «*provoquer chez le lecteur le sentiment de l'absurde»* (p. 113 [12]). Pour ce qui concerne cette analyse-ci, l'on comprendra ce style comme la manifestation nécessaire d'une certaine écriture, dans la mesure où c'est précisément cet aspect de l'écriture qui caractérise toute écriture possible dans la diégèse. Le scriptural étant jugé incapable de *rendre* la réalité parce que découpant l'expérience en tronçons indépendants dont le lien est arbitraire, le style de ce roman *doit* être abrupt, discontinu, etc. L'on voit ainsi la distance qui sépare cette analyse de la perspective sartrienne. Mais les convergences existent, et il est bon de le souligner. Il ne me semble pas que l'on puisse étudier le texte de *L'Étranger* sans tenir compte de son extraordinaire «Explication».

L'écriture est donc mensongère en ce qu'elle fausse, inéluctablement, le vécu, du fait même qu'elle tente de le reconstituer après l'avoir décomposé. Rompant la syntagmatique existentielle, elle en disperse les éléments sans pouvoir les réunifier autrement que par bribes, fragments épars entre lesquels le lien inné, naturel et *fondamentalement antérieur* n'existe plus.

Fondamentalement antérieur : on verra plus loin le vécu s'identifier à un univers proprement mythique dont l'existence est posée comme toujours antérieure au surgissement de l'écriture qui,

pourtant, est ce qui le signifie. C'est ce qu'exprime le style particulier du texte : articulant la « réalité » existentielle, il ne réussit
cependant pas à la rendre.

premières conséquences :
l'écriture, l'excrément et la nourriture

Ne faisant plus signe, l'écriture en est réduite à n'être qu'une
sorte de gribouillis informe, salissant la surface auparavant imma-
culée du papier[13]. L'écriture est sale, dans *L'Étranger*. La première preuve en est l'acharnement avec lequel Meursault se lave
les mains après s'être occupé de choses scripturales. Ainsi, il
se lave les mains immédiatement après avoir découpé la réclame
dans le journal (1138), et surtout, il se lave les mains lorsqu'il
quitte son bureau, à midi, habitude sur laquelle le texte s'étend
longuement :

Il y avait un tas de connaissements qui s'amoncelaient sur ma table
et il a fallu que je les dépouille tous. Avant de quitter le bureau pour
aller déjeuner, je me suis lavé les mains. À midi, j'aime bien ce moment.
Le soir, j'y trouve moins de plaisir parce que la serviette roulante qu'on
utilise est tout à fait humide : elle a servi toute la journée. J'en ai fait
la remarque un jour à mon patron. Il m'a répondu qu'il trouvait cela
regrettable, mais que c'était tout de même un détail sans importance.
(1141)

Curieuse insistance, tout de même, sur ce détail *« sans importance »*! En fait, la caractérisation de l'écriture comme sale et la
spécification de l'attitude de rejet de Meursault à son égard sont
essentielles dans le texte.

La saleté de l'écriture apparaît déjà, à travers ces deux citations, comme se situant dans un contexte organique : d'une part
l'excrément (qu'elle semble représenter) et de l'autre la nourriture (à laquelle elle s'oppose). Excrémentielle, l'écriture le paraît
dès lors qu'elle est assimilée à une réclame pour produits laxa-

tifs : les sels Kruschen, expressément mentionnés. Ce qui rend moins surprenant, du reste, le fait que Meursault se lave les mains aussitôt après avoir découpé et collé la réclame. Mais aussi, ce caractère excrémentiel de l'écriture réapparaît métonymiquement dans l'association de l'histoire du Tchécoslovaque aux besoins naturels : «*Il me restait alors six heures à tuer avec les repas, les besoins naturels, mes souvenirs et l'histoire du Tchécoslovaque.*» (1180), ainsi que dans celle de la sentence au linge de ceux qui la prononcent : «*Le fait que la sentence [...] avait été prise par des hommes qui changent de linge [...].*» (1201).

Or, si l'écriture s'associe à l'excrément, il est logique qu'elle s'oppose à la nourriture. Et effectivement, c'est ce qui se produit. On a déjà pu le constater lors de l'épisode de la serviette : le fait de se laver les mains avant d'aller déjeuner s'y présente comme une sorte de rite, de coutume où la transition du scriptural au nutritif s'effectue à travers l'action purificatoire de l'eau. Mais l'opposition écriture/nourriture transparaît également à travers certains gestes de Raymond, lors de la rédaction de la lettre par Meursault : «*Il s'est alors levé après avoir bu un verre de vin. Il a repoussé les assiettes et le peu de boudin froid que nous avions laissé. Il a soigneusement essuyé la toile cirée de la table. Il a pris dans un tiroir de sa table de nuit une feuille de papier quadrillé, une enveloppe jaune, un petit porte-plume de bois rouge et un encrier carré d'encre violette.*» (1146). Dans ce remue-ménage apparaît une logique spatio-temporelle : à considérer l'existence d'une contiguïté spatiale — Meursault écrivant sur la table où il a mangé — il faut constater une exclusion sur le plan temporel : l'activité de Raymond *substituant* «*soigneusement*» le domaine de l'écriture à celui de la nourriture. Il y a incompatibilité entre les deux.

Cependant, l'opposition écriture/nourriture est renforcée d'une manière assez particulière dans le passage où l'on voit un personnage manger en lisant. Ce paradoxe s'explique en ce que cette personne (qui sera, lors du procès, associée continuellement, sur le plan métonymique, au journaliste qui n'écrit pas) mange et lit *automatiquement* :

J'ai dîné chez Céleste. J'avais déjà commencé à manger lorsqu'il est entré une bizarre petite femme qui m'a demandé si elle pouvait s'asseoir à ma table. [...] Elle avait des gestes saccadés [...]. Elle a appelé Céleste et a commandé immédiatement tous ses plats d'une voix à la fois précise et précipitée. En attendant les hors-d'œuvre, elle a ouvert son sac, en a sorti un petit carré de papier et un crayon, a fait d'avance l'addition, puis a tiré d'un gousset, augmentée du pourboire, la somme exacte qu'elle a placée devant elle. À ce moment, on lui a apporté des hors-d'œuvre qu'elle a engloutis à toute vitesse. En attendant le plat suivant, elle a encore sorti de son sac un crayon bleu et un magazine qui donnait les programmes radiophoniques de la semaine. Avec beaucoup de soin, elle a coché une à une presque toutes les émissions. Comme le magazine avait une douzaine de pages, elle a continué ce travail méticuleusement pendant tout le repas. [...] Puis elle s'est levée, a remis sa jacquette avec les mêmes gestes précis d'automate et elle est partie. (1155)

Engloutissant ses plats à toute vitesse, ce personnage ne mange pas réellement ; cochant des programmes radiopohoniques, il ne lit pas (ou ne lit que pour, plus tard, mieux *écouter*), n'écrit pas non plus. Le seul moment du texte où s'associent écriture et nourriture est celui où ces dernières ne sont qu'apparences.

Ainsi donc, ne réussissant pas à signifier, à rendre la réalité dans laquelle elle fait irruption et rupture, l'écriture est, d'une part, reliée métonymiquement à l'excrément, s'opposant à la nourriture. D'autre part, elle est associée, fonctionnellement cette fois, au jeu, au non-sens, au mensonge. Cependant, l'on verra que cette caractérisation générale de l'écriture ne fait que sous-tendre l'articulation proprement narrative du texte. En d'autres termes, les traits spécifiques de l'écriture tels qu'ils sont déterminés dans *L'Étranger* recoupent la structure diachronique du récit. Mais avant d'aborder l'étude de cette structure, il nous faut nous arrêter à ce qui s'oppose «naturellement» à l'écriture, du moins dans le texte : la voix.

À cet égard, deux remarques préliminaires. La première, c'est qu'il s'agira d'abord de la voix du sujet lui-même, l'opposition oral/scriptural se manifestant, dans *L'Étranger*, parallèlement à la dualité sujet—narrateur. Le discours (essentiellement oral) des autres personnages du récit n'est pas à négliger, toutefois, et sera traité ultérieurement.

La seconde remarque, c'est que l'opposition «naturelle» entre voix et écriture se transformera au long de l'analyse. Celle-ci aboutira assez vite à la constatation que l'écriture entretient avec l'oral des rapports plus complexes qu'une simple opposition. Ainsi, si, comme on le constatera, le sujet passe d'un refus à un désir de parler, il s'avérera que la seule parole *valable* est celle qui s'articule selon les lois de l'écriture. Autrement dit : l'écriture est visée en tant que logique fondamentale et originelle de tout langage possible. Cependant, réprimant la parole qu'elle-même suscite, c'est la position du sujet qu'elle dévoilera comme étant intenable. Au terme d'une démarche qui nécessite, pour aboutir, une *diachronie*.

II

LE SILENCE INITIAL DU SUJET

non-sens du dire

À la différence de l'écriture, la parole — ou du moins l'attitude de Meursault à son égard — est caractérisée par une évolution très nette au long du récit, c'est-à-dire par une différence notable entre la Première et la Deuxième Partie.

Tout au long de la Première Partie, Meursault manifeste une grande répugnance à parler[14], ce qui est souligné de diverses manières. Ouvrant le récit, les premiers propos du sujet rapportés directement (et adressés à son patron) sont regrettés aussitôt prononcés : «*Je lui ai même dit : "Ce n'est pas de ma faute." Il n'a pas répondu. J'ai pensé alors que je n'aurais pas dû lui dire cela.*» (1125). Ce regret d'avoir parlé se reproduira à l'asile. Au concierge qui lui propose de dévisser la bière pour qu'il puisse voir sa mère, «*J'ai répondu : "non." Il s'est interrompu et j'étais gêné parce que je sentais que je n'aurais pas dû dire cela.*» (1127). Plus loin, avec Marie, ce n'est plus un regret ; Meursault se rétracte avant même de parler : «*J'ai eu envie de lui dire que ce n'était pas de ma faute, mais je me suis arrêté parce que j'ai pensé que je l'avais déjà dit à mon patron. Cela ne signifiait rien. De toute façon, on est toujours un peu fautif.*» (1137). Ici, cependant, intervient un nouvel élément : l'explication. Si le sujet ne veut pas parler, c'est parce que cela ne signifie rien. Ce sentiment du non-sens transparaît tout au long du texte, quand il n'est pas énoncé clairement, comme dans la citation qui précède, ainsi que dans celle qui suit : « *Un moment après elle m'a demandé si je l'aimais. Je lui ai répondu que cela ne voulait rien dire, mais qu'il me semblait que non.* » (1149). Ce qui n'empêchera pas Meursault, plus tard, d'accepter d'épouser Marie :

Le soir, Marie est venue me chercher et m'a demandé si je voulais me marier avec elle. J'ai dit que cela m'était égal et que nous pourrions le faire si elle le voulait. Elle a voulu savoir alors si je l'aimais. J'ai répondu comme je l'avais déjà fait une fois, que cela ne signifiait rien mais que sans doute je ne l'aimais pas. « Pourquoi m'épouser alors ? » a-t-elle dit. Je lui ai expliqué que cela n'avait aucune importance et que si elle le désirait, nous pouvions nous marier. D'ailleurs, c'était elle qui le demandait et moi je me contentais de dire oui.   (1154)

Le rapport qui s'esquisse ici relie l'absence de signification à l'indifférence, d'une part, et au silence, de l'autre. Silence souvent interchangeable avec des propos affirmatifs. Acquiesçant sans discuter, le sujet n'ajoute rien à ce qui a été dit (par d'autres). En d'autres termes, dire *oui*, ce n'est pas vraiment parler. Cela est souvent mentionné dans le texte. Ainsi, dans l'autobus qui le mène à l'asile : « *Et quand je me suis réveillé, j'étais tassé contre un militaire qui m'a souri et qui m'a demandé si je venais de loin. J'ai dit "oui" pour n'avoir plus à parler.* » (1126). Plus loin, assis à son balcon, Meursault voit des sportifs revenir du stade : « *Plusieurs m'ont fait des signes. L'un m'a même crié : "On les a eus." Et j'ai fait : "oui", en secouant la tête.* » (1139). Même mutisme indifférent avec Raymond Sintès : « *[...] il m'a déclaré [...] que je pouvais l'aider et qu'ensuite il serait mon copain. Je n'ai rien dit et il m'a demandé encore si je voulais être son copain. J'ai dit que ça m'était égal [...].* » (1144). Phénomène qui se répète face au patron qui lui propose de travailler à Paris : « *"Vous êtes jeune, et il me semble que c'est une vie qui doit vous plaire.* " *J'ai dit que oui mais que dans le fond cela m'était égal.* » (1153).

Cependant, il faut préciser que le non-sens n'existe pas en soi, mais seulement dans le contexte spécifique de la parole (et, *a fortiori*, comme on l'a vu, de l'écriture). Hors ce contexte, le silence n'est pas nécessairement indifférence. Ainsi, les meilleurs moments passés avec Marie sont caractérisés par le silence des protagonistes. C'est le cas de leur rencontre à l'établissement de bains du port, par exemple (1136), ou lors de leur seconde baignade (1148), où l'on est loin de l'indifférence, alors que le texte insiste simultanément sur le mutisme, tant de Marie que de Meursault. Le silence, ici, souligne plutôt l'accord existant entre les deux personnages. Accord mentionné, dans ce contexte, sur le plan spirituel, d'une part — «*Les femmes étaient belles et j'ai demandé à Marie si elle le remarquait. Elle m'a dit que oui et qu'elle me comprenait. Pendant un moment, nous n'avons plus parlé.* » (1154-5) — et sur le plan physique, de l'autre : «*L'eau était froide et j'étais content de nager. Avec Marie, nous nous sommes éloignés et nous nous sentions d'accord dans nos gestes et dans notre contentement.* » (1160).

la réponse absente

Ce qui ne signifie rien, ce n'est donc pas la situation en soi, c'est le dire qui veut l'exprimer ; c'est, en ce qui concerne Meursault, la réponse à une question éventuelle. De fait, le sujet n'aime pas qu'on lui pose des questions : «*Je ne voulais pas déjeuner chez Céleste comme d'habitude parce que, certainement, ils m'auraient posé des questions et que je n'aime pas cela.* » (1137). Malheureusement, la parole du sujet est constamment sollicitée. Il en résulte qu'une partie considérable de l'activité de Meursault dans la première partie du texte consiste à ne pas répondre, ou à restreindre au minimum ses réponses aux propos des gens qui l'entourent.

Ainsi, en ce qui concerne Raymond qui, lui, «*parle souvent*» (1143), le texte abonde — au-delà de l'impression générale de mutisme de la part de Meursault — en mentions explicites du silence de ce dernier ou, à la rigueur, du caractère court et affirmatif de ses réponses : «*C'était vrai et je l'ai reconnu* [...] *Je n'ai rien dit* [...] *J'ai dit que ça m'était égal* [...] *Je. n'ai rien répondu* [...] *Je n'en pensais rien* [...] *il me semblait bien* [...] *je comprenais* [...]» etc. (1144-5). Cette indifférence persiste quand Raymond lui expose son plan : «*J'ai trouvé qu'en effet, de cette façon, elle serait punie*» (1146), quand il lui propose d'écrire la lettre : «*Comme je ne disais rien, il m'a demandé* [...] *et j'ai répondu que non.*» (1146), ainsi que lorsque Raymond lui affirme qu'il est désormais son copain : «*Il a répété sa phrase et j'ai dit :* "*oui*". *Cela m'était égal d'être son copain et il avait vraiment l'air d'en avoir envie.*». Le mutisme de Meursault contraste, bien entendu, avec la loquacité accentuée de Raymond, et ressort d'autant plus que les questions et demandes se pressent dans la bouche du souteneur. Un exemple frappant en est l'échange qui se produit après la scène avec l'agent de police :

Il m'a demandé alors si j'avais attendu qu'il réponde à la gifle de l'agent. J'ai répondu que je n'attendais rien du tout et que d'ailleurs je n'aimais pas les agents. Raymond a eu l'air très content. Il m'a demandé si je voulais sortir avec lui. Je me suis levé et j'ai commencé à me peigner. Il m'a dit qu'il fallait que je lui serve de témoin. Moi, cela m'était égal, mais je ne savais pas ce que je devais dire. Selon Raymond, il suffisait de déclarer que la fille lui avait manqué. J'ai accepté de lui servir de témoin.   (1150)

On verra plus loin que les personnages du récit sont presque tous situés d'une manière fort nette par rapport au parler (ainsi qu'à l'écriture). Raymond, qui n'écrit pas, parle beaucoup. Marie, dactylo de son métier, n'est pas loquace. Cependant, c'est Meursault qui, de tous, est le plus nettement caractérisé. Son mutisme ressort également dans d'autres contextes que celui d'une conversation avec Raymond, ou d'une rencontre avec Marie. On l'a déjà constaté dans une certaine mesure, mais le phénomène est tellement constant qu'il faut insister. En plus des exemples déjà cités, il apparaît avec le directeur de l'asile : «*Puis il m'a dit : "Je suppose que vous voulez voir votre mère." Je me suis levé sans rien dire* [...].» (1126) ; lors de la veillée funèbre : «*La femme pleurait toujours.* [...] *J'aurais voulu ne plus l'entendre. Pourtant je n'osais pas le lui dire.*» (1130) , lorsqu'on entend Raymond battre la femme arabe : «*Marie m'a dit que c'était terrible et je n'ai rien répondu.*» (1149) ; sur la plage, avec Raymond et Masson : «*J'ai pensé [que les Arabes] avaient dû nous voir prendre l'autobus avec un sac de plage, mais je n'ai rien dit.*» (1162). Enfin, lorsque Meursault, resté seul avec les deux femmes, doit leur expliquer ce qui s'est passé : «*Moi, cela m'ennuyait de leur expliquer. J'ai fini par me taire et j'ai fumé en regardant la mer.*» (1163).

la parole et le besoin de la justifier

Si Meursault parle, parfois, ce n'est donc pas sans réticences. Ce que résume, de son point de vue, son patron : «*Il a eu l'air mécontent, m'a dit que je répondais toujours à côté* [...].» (1154). Propos qui contrastent, du reste, avec les affirmations de Céleste, dans la Deuxième Partie, qui «*a reconnu* [...] *que je ne parlais pas pour ne rien dire*» (1189), ainsi que celles du procureur : «*[Meursault] sait répondre. Il connaît la valeur des mots.*» (1194). Mais avant tout, Meursault sent le besoin de se justifier, non pour son mutisme[15], mais au contraire, pour ses propos, pourtant si rares. Ainsi, ouvrant la scène de la première rencontre avec Raymond, il affirme : «*[...] je n'ai aucune raison de ne pas lui parler.*» (1143). De même, lors de la conversation avec Salamano,

29

les deux fois où le sujet prend l'initiative de parler sont accompagnées d'un commentaire significatif. Au début : «*Il m'ennuyait un peu mais je n'avais rien à faire et je n'avais pas sommeil. Pour dire quelque chose, je l'ai interrogé sur son chien.*» (1156). Vient ensuite, en réponse à cette question, un long monologue de Salamano se terminant sur une phrase concernant la mère de Meursault. Ce à quoi : «*J'ai répondu, je ne sais pas encore pourquoi, que j'ignorais jusqu'ici qu'on me jugeât mal à cet égard* [...].» (1157).

Ainsi, à chaque fois que le sujet participe à une conversation relativement longue, le texte mentionne une justification. Justification qui n'en est pas réellement une, en fait, puisque son argument fondamental repose sur un *manque* d'arguments : «*je ne sais pas pourquoi* (1157) - *pour dire quelque chose* (1156) - *aucune raison de ne pas lui parler* (1143)». Ce qui est donc souligné ici, c'est précisément le *besoin* de la justification, et non pas son contenu. C'est que, quoi que l'on dise, cela ne signifie pas beaucoup ; aussi, pourquoi le dire ? Si l'on en arrive à parler, comme rien ne pourrait être dit qui soit vraiment significatif, aucune justification ne serait réellement adéquate. Aussi bien, c'est le besoin d'être justifié qui compte.

À un autre niveau, toutefois, cet échec à justifier la parole renvoie à une logique différente de celle, consciente, du vouloir subjectif[16]. C'est sur le plan de la diachronie du récit que *s'explique fonctionnellement* le surgissement du parler de Meursault. Car, bien sûr, il y a diachronie. D'abord, puisqu'il y a récit (disons tout simplement : parce qu'il y a écriture). Mais aussi, parce que sur le plan même de la parole du sujet se crée une évolution : la Deuxième Partie, à cet égard, est différente de la Première.

III

PAROLE ET DIACHRONIE

L A Deuxième Partie de *L'Étranger* est doublement caractérisée par la diachronie, du point de vue qui nous occupe. D'abord, parce que Meursault veut y parler, ce à quoi il se refusait durant la Première Partie. Mais aussi parce qu'au sein même de cette Deuxième Partie se produit une évolution qui mène le sujet des réponses aux questions, lors de l'interrogatoire, au désir de s'exprimer, de s'expliquer ; de ce désir à sa répression ; et, finalement, de la répression de la parole au cri final, qui explosera en lui (et hors du texte). Ces phases diverses correspondent plus ou moins aux cadres successifs dans lesquels se situe Meursault, ainsi qu'aux chapitres composant cet ensemble : l'interrogatoire chez le juge d'instruction et les entretiens avec l'avocat (chapitre I) ; le séjour solitaire en prison (chapitre II) ; le procès proprement dit (chapitres III et IV) et le retour en cellule, suivi de la confrontation avec l'aumônier (chapitre V). Cependant, la parole du sujet ne se développera pas spontanément. L'on aura ainsi l'occasion de constater à maintes reprises ce qui a déjà été indiqué dans les premières pages de cette étude, c'est-à-dire le fait, à première vue paradoxal, que c'est le monde de l'écriture qui sollicite la parole du sujet (interrogatoires, audience, interviews, confessions, etc.), alors que c'est précisément lui qui, en fait, la réprime. Meursault, répondant à la demande apparente de l'écriture, tentera de parler, mais sa parole sera refoulée. Subséquemment, cette parole se transformera en revendication, pour aboutir, finalement, au *cri*. Dans le système de l'écriture, aux exigences apparemment contradictoires, la position du sujet s'avérera progressivement comme intenable. «*Il n'y [a] pas d'issue* [...].» (1181).

première répression :
le juge d'instruction et l'avocat

La Deuxième Partie s'ouvre sur la situation la plus apte, *a priori*, à entraîner le sujet à parler : l'interrogatoire par le juge d'instruction. Toutefois, ce n'est qu'un peu plus loin que Meursault commence vraiment à vouloir parler. Ce sera à l'issue de l'entrevue avec l'avocat, entrevue très vite placée sous le signe de l'opposition entre les réponses toutes «spontanées» de Meursault et le désir de l'avocat de contrôler les propos de son client. Les interruptions, les interdictions de son défenseur font naître chez Meursault le premier désir d'explication. À la demande de l'homme de loi de ne pas dire certaines choses à l'audience, le sujet répond en lui «expliquant» qu'il a «*une nature telle*»... (1170). L'explication ne satisfait pas l'avocat, ce qui ne fait que renforcer chez Meursault le désir de s'exprimer : «*Il est parti avec un air fâché. J'aurais voulu le retenir, lui expliquer [...]. Il ne me comprenait pas et il m'en voulait un peu. J'avais le désir de lui affirmer que j'étais comme tout le monde [...].*» (1171). Ce désir de parler, certes, ne va pas encore très loin : «*[...] tout cela, au fond, n'avait pas grande utilité et j'y ai renoncé par paresse.*», mais le contraste est déjà évident avec l'attitude que Meursault avait constamment eue durant la Première Partie.

Plus loin, face au juge d'instruction, son avocat n'ayant pu venir, le sujet affirme qu'il peut répondre seul (1171), et les premiers propos qu'il tiendra tenteront de justifier et d'expliquer rétroactivement son «*caractère taciturne et renfermé*» : «*J'ai répondu : "C'est que je n'ai jamais grand-chose à dire. Alors je me tais."* ». D'ailleurs, ici, il parle, répète même ce qu'il a déjà dit : «*Moi, j'étais lassé de répéter ainsi la même histoire et il me semblait que je n'avais jamais autant parlé.*» (1172). Certes, quand le juge lui pose la question concernant les quatre coups de feu, Meursault se tait obstinément : «*Mais cette fois, je n'ai rien répondu.* [...] *Là encore, je n'ai pas su répondre.* [...] *Je me taisais toujours.*» Cependant, ici aussi, sera mentionnée une *raison* à ce silence — l'absence de signification : «*[...] ce dernier point n'avait pas tellement d'importance.*» (1173). Et Meursault voudra *exprimer* cette raison. Mais une fois encore, l'écriture réprimera la parole du sujet : «*J'allais lui dire* [que cela n'avait pas d'importance]. *Mais il m'a coupé et m'a exhorté une dernière fois* [...].». À ce stade, cela fatiguera Meursault. Nous ne sommes pas encore très loin de la Première Partie, et le sujet ne s'obstine pas vraiment à s'expliquer : «*Comme toujours, quand j'ai envie de me débarrasser de quelqu'un que j'écoute à peine, j'ai eu l'air d'approuver.*» Cependant, déjà, il a été réprimé dans son désir éphémère de parler. La révolte grandira, Meursault tentera de plus en plus de s'expliquer.

le lieu de l'écriture : la prison

Avant le procès, avant l'audience, il y a un *temps* : un chapitre dans le texte, cinq mois dans la chronologie imaginaire. Ce temps est caractérisé par une confrontation particulière entre l'écriture et la voix, confrontation qui se manifeste avant tout par le fait que l'ordre de la narration est *perturbé* pour la première fois dans le texte : la linéarité exemplaire que le récit avait suivie jusqu'ici est secouée par une inversion de temps, par une «*anachronie narrative*» (p. 79 [17]). Double anachronie, même. D'une part, c'est le rapport entre ce chapitre et le précédent qui est problématique dans la mesure où les scènes décrites dans ce dernier interviennent chronologiquement *durant* la période couverte par l'autre. D'autre part, et surtout, il y a inversion au sein même du chapitre II. En effet, le texte commence en mentionnant les « *choses dont je n'ai jamais aimé parler* » (1175), qui concernent le séjour du sujet en prison, puis en parlant de la lettre dans laquelle Marie lui annonce l'interdiction qui lui est faite désormais de le visiter. Ce n'est qu'*ensuite* qu'est mentionnée la visite de Marie en prison, visite qui, pourtant, *précède* la lettre, ainsi que ces « choses ». Cette perturbation, sur le plan de la chronologie narrative, ne peut pas ne pas retenir l'attention, dans le contexte de notre étude. C'est que l'entrevue avec Marie dans le parloir s'oppose indiscutablement au reste du chapitre en ce que la communication y est orale (même si Meursault, une fois encore, n'y parle pas beaucoup), alors que dans les pages qui suivent domine l'écriture (la lettre de Marie, le morceau de journal relatant l'histoire du Tchécoslovaque).

En fait, ce retournement temporel (« *prolepse temporelle* » (p. 82[11]), toujours selon G. Genette) dessine d'une manière quasiment *iconique* les positions respectives de l'écrit et de l'oral dans la topographie imaginaire de *L'Étranger* : ou la parole se trouve *enfermée* par un scriptural tout *extérieur*. Ainsi, la lettre de Marie est mentionnée *avant et après* sa visite, l'écrit encadrant en quelque sorte le parlé. Par ailleurs, le *contenu* sémantique de la lettre est lui-même présenté comme *enchâssé* dans le graphique pur, puisqu'il est *entre parenthèses* : « [...] *(elle me disait qu'on ne lui permettait plus de venir parce qu'elle n'était pas ma femme)* [...] » (1175). Enfin, la prison, lieu de la Loi, donc de l'Écriture[18], *contient* le lieu de la visite, c'est-à-dire le *parloir*. Bien entendu, il faut également noter que c'est le surgissement de l'écrit, sous la forme de la lettre, qui est à l'origine de la rupture du syntagme, de sa perturbation, de sa *falsification*, en quelque sorte, puisque l'ordre du texte est « faux » par rapport à la chronologie

34

(remarquons que cette perturbation se fait, elle aussi, sur le plan temporel). Autrement dit, la cohérence formelle du texte ne se limite pas aux effets stylistiques (ou « symboliques ») mais se manifeste également sur le plan de la diachronie narrative.

Cependant, l'écriture ne se contente pas d'entourer la voix : elle la marque de son sceau, en y introduisant la *distance* : « *La salle était séparée en trois parties par deux grandes grilles qui la coupaient dans sa longueur. Entre les deux grilles se trouvait un espace de huit à dix mètres qui séparait les visiteurs des prisonniers.* » (1176). Or, cette distance, celle-là même qui sépare récit racontant et récit raconté, écriture et vécu, cette distance oblige beaucoup de personnes présentes dans le parloir à parler très haut, précise le texte. Ce qui étouffe un peu la voix de Meursault (1176-7) et, surtout, le décourage de parler : « *Je me sentais un peu malade et j'aurais voulu partir. Le bruit me faisait mal.* » (1177). De fait, Meursault ne fait que répondre par quelques mots aux propos de Marie. Signe, un de plus, de la répression de la voix par l'écriture.

Écriture qui semble régner sans conteste tout au long de ce chapitre. Ainsi, après l'entrevue avec Marie, le texte mentionne à nouveau sa lettre : « *C'est peu après l'entrevue qu'elle m'a écrit. Et c'est à partir de ce moment qu'ont commencé les choses dont je n'ai jamais aimé parler.* » (1178). Une sorte de rupture s'effectue et ce, à partir d'une lettre où, précisément, Marie annonce qu'elle ne peut plus venir. Lettre qui remplace donc le signataire. Autrement dit, il s'agit là de l'avènement de l'écriture, auquel correspond la transition des « *pensées d'homme libre* » aux « *pensées de prisonnier* », « *du désir d'une femme* » aux souvenirs (1179-80), transition qui aboutit à l'histoire déjà mentionnée du Tchécoslovaque représentant les caractéristiques de l'écriture (jeu, illusion, syntagme rompu).

Règne absolu de l'écriture, donc? Rien ne paraît plus évident, jusqu'à ce que l'ultime page de ce chapitre important produise un renversement troublant. Contemplant sa propre image dans une gamelle, Meursault s'entend parler : « [...] *pour la première fois depuis des mois, j'ai entendu distinctement le son de ma voix. Je l'ai reconnue pour celle qui résonnait déjà depuis de longs jours à mes oreilles et j'ai compris que pendant tout ce temps j'avais parlé seul.* » (1181). Ainsi, au sein de cette prison-écriture, se manifeste spontanément cet élément qu'on essayait d'étouffer : la voix. Mieux : la voix n'est aussi spontanée que parce que, précisément, l'écriture-prison tente de l'étouffer. Il n'y a qu'en prison qu'on parle seul comme cela, sans s'en rendre compte.

Aussi bien, Meursault, prenant conscience de sa parole, aura de plus en plus tendance à se révolter contre l'écriture oppressive et essaiera de s'expliquer à la première occasion venue. Ce sera l'audience du procès. Rien de plus normal : c'est à une audience, en principe, que l'on se fait entendre. Mais c'est là que le sujet se trompe : l'audience est un trompe-l'œil, si l'on peut dire, ce n'est qu'un jeu dont le fondement est l'écriture, et non la voix. Après avoir pris conscience de soi, de sa voix, il reste à Meursault à reconnaître son ennemi.

l'audience :
la naissance du Désir, sa répression

L'ennemi du sujet de *L'Étranger* est effectivement *un*, recouvrant les diverses catégories qui le représentent, qui représentent l'écriture. Déjà, dans le premier chapitre de cette Deuxième Partie, le texte parle de « famille », lors des interrogatoires avec le juge d'instruction et l'avocat : « *Personne, en ces heures-là, n'était méchant avec moi. Tout était si naturel, si bien réglé et si sobrement joué que j'avais l'impression ridicule de "faire partie de la famille".* » (1174). Mais encore, il ne s'agissait là que d'hommes de loi. À l'audience, c'est l'ensemble des représentants de l'écriture (gendarmes, journalistes, avocats), exception faite des gens

36

d'Église, qui est visé : «*J'ai remarqué* [...] *que tout le monde se rencontrait, s'interpellait et conversait, comme dans un club où l'on est heureux de se retrouver entre gens du même monde.*» (1183). Remarquons l'isomorphisme intéressant entre la notion même de communauté (famille, club, «monde») et celle de *jeu*. Tout comme chez le juge d'instruction, l'impression qui se dégage au procès est celle d'une représentation théâtrale : en effet, tout au début du chapitre, l'un des gendarmes demande à Meursault s'il a «*le trac*» (1182). Or, il répond par la négative : il n'a pas le trac. C'est qu'il refuse de participer au jeu. Ce qui l'amène, finalement, à se sentir «*de trop, un peu comme un intrus*», sentiment qui se renforcera durant le procès à chaque fois qu'on l'empêchera de parler. Et à chaque fois, le désir de Meursault de s'exprimer n'en sera que plus fort. Ainsi, si, au début, il se conforme aux instructions de son avocat (1185), l'hostilité des représentants de l'écriture le fait finalement réagir. Le procureur le regarde avec «*un tel regard triomphant* [...] *que, pour la première fois depuis bien des années, j'ai eu une envie stupide de pleurer parce que j'ai senti combien j'étais détesté par tous ces gens-là*» (1187). Réaction suivie par son envers symétrique, à l'issue de la déposition de Céleste : «*Moi, je n'ai rien dit, je n'ai fait aucun geste, mais c'est la première fois de ma vie que j'ai eu envie d'embrasser un homme.*» (1189). L'insistance du texte sur la nouveauté de l'événement («*la première fois*») et sur son caractère de *désir* («*j'ai eu envie*») est significative. C'est qu'il s'agit effectivement des premiers sentiments d'un sujet qui vient de naître.

Mais après cette naissance aux sentiments (chap. III) vient la seconde partie de l'audience : la révolte de la voix, face à sa répression par l'écriture (chap. IV). Ainsi, les injonctions de l'avocat — «*Taisez-vous*» (1193) — ne réussissent qu'à faire jaillir chez le sujet un désir de parler : «*De temps en temps, j'avais envie d'interrompre tout le monde et de dire : "Mais tout de même, qui est l'accusé? C'est important d'être l'accusé. Et j'ai quelque chose à dire!"* Mais *réflexion faite, je n'avais rien à dire.*» Désir, donc, non pas de dire quelque chose de précis, mais simplement de parler. De même que l'absence de raisons véritables dans les arguments soulevés pour justifier le parler du sujet indique le besoin de justification, c'est précisément le fait que, «*réflexion faite*», Meursault n'a rien à dire, qui nous signale ici son désir grandissant de parler, de faire entendre sa voix. Ce désir persiste, par exemple, à l'égard du procureur : «*J'aurais voulu essayer de lui expliquer cordialement, presque avec affection* [...].» (1194-5), mais il commence à intérioriser la répression, les interdits de l'écriture : «*Mais naturellement, dans l'état où l'on m'avait mis, je ne pouvais parler à personne sur ce ton. Je n'avais pas le droit de me montrer affectueux, d'avoir de la bonne volonté.*» (1195). Autrement dit : le sujet n'a pas le droit de parler. Ce qui, bien entendu, renforce son désir de le faire. Désir explicitement affirmé, désormais : «*Le président* [...] *m'a demandé si je n'avais rien à ajouter. Je me suis levé et comme j'avais envie de parler, j'ai dit, un peu au hasard d'ailleurs, que je n'avais pas eu l'intention de tuer l'Arabe.*» (1196). De nouveau, c'est le désir de parler, et non pas de dire quoi que ce soit, qui est doublement souligné dans ces lignes. Mais maintenant qu'il peut le faire, Meursault parle au hasard — et se couvre de ridicule aux yeux de l'assistance qui, comme le juge, «*saisissait mal* [*s*]*on système de défense*», alors que chez Meursault, c'est précisément le système, c'est-à-dire l'écriture, qui fait défaut : «*J'ai dit rapidement,* EN MÊLANT UN PEU LES MOTS *et en me rendant compte de mon ridicule, que c'était à cause du soleil. Il y a eu des rires dans la salle. Mon avocat a haussé les épaules et tout de suite après, on lui a donné la parole.*»

Ainsi, échouant à communiquer parce que ne parlant pas le même langage que les autres — celui de l'écriture —, le sujet est rejeté et dépossédé de sa parole au profit du représentant de l'écriture : l'avocat. Ce dernier sait parler, convaincre, parce qu'il utilise le langage qui convient. À ce moment, dépossédé de sa parole, Meursault est totalement pris en charge par l'écriture.

Et nous voyons *l'écriture devenir sujet*, avec l'avocat disant *je* pour Meursault, et *le sujet devenir écriture* dans le réquisitoire du procureur, rapporté en style indirect par Meursault, où le *je* est décrit, structuré, motivé d'après la logique causale, cartésienne et utilitaire de l'écriture : «*J'avais écrit la lettre d'accord avec Raymond pour attirer sa maîtresse et la livrer aux mauvais traitements d'un homme "de moralité douteuse". J'avais provoqué sur la plage les adversaires de Raymond.*» (1194). Comme le dit Brian Fitch, «*on dirait qu'il se substitue en quelque sorte aux hommes de loi de la même façon que son propre avocat l'avait réduit à zéro en parlant en son nom*»[19].

Or, de façon caractéristique, c'est précisément la métaphore de l'écriture qui servira de point d'appui à l'avocat pour développer l'essentiel de sa plaidoirie : «*"[...] je me suis penché sur cette âme [...] j'ai trouvé quelque chose et je puis dire que j'y ai lu à livre ouvert."*» (1197). Représentant l'«*âme*» du sujet comme un «*livre ouvert*», l'avocat établit un rapport qui ne peut être que trompeur. Car, en effet, l'«*âme*», tout intériorité, ne peut être représentée par l'écriture qui, comme on l'a vu auparavant (et comme on le constatera plus loin), relève de l'extériorité. Aussi bien, si dans l'âme réside la vérité, l'écriture ne peut être que mensongère. C'est donc fort logiquement que ce que l'avocat «lira» dans cette âme est plus ou moins faux : «*Il y avait lu que j'étais un honnête homme, un travailleur régulier, infatigable, fidèle à la maison qui l'employait, aimé de tous et compatissant aux misères d'autrui. [...] fils modèle [...].*» C'est faux, en ce sens que l'honnêteté, la régularité, la fidélité, etc. sont ici des abstractions introduites par un procès d'intentions, déduites arbitrairement d'un ensemble de traits pouvant parfaitement être interprétés différemment. Mais déjà, Meursault, réprimé dans son discours, se replie : «[...] *je crois que j'étais déjà très loin de cette salle d'audience.*» (1197). Il a reconnu son ennemi et sait qu'il ne peut plus communiquer avec lui. Il a hâte de terminer cette comédie : «*Tout ce que je faisais d'inutile en ce lieu m'est alors remonté à la gorge et je n'ai eu qu'une hâte, c'est qu'on en finisse* [...].» Aussi, après la lecture du jugement, il ne voudra plus parler : «[...] *le président m'a demandé si je n'avais rien à ajouter. J'ai réfléchi. J'ai dit : "Non." C'est alors qu'on m'a emmené.*» (1199). La boucle semble bouclée : du mutisme du sujet, passant à un désir de parler, celui-ci se renforçant face à la répression de l'écriture, l'on en arrive à une victoire apparente de l'écriture : le retour au silence. Mais ce silence précède, en fait, une tempête. Un cri.

la mécanique de l'imaginaire

Dès les premières lignes du chapitre V, le dernier du texte, se définit la situation problématique de Meursault : «*Pour la troisième fois, j'ai refusé de recevoir l'aumônier. Je n'ai rien à lui dire, je n'ai pas envie de parler, je le verrai bien assez tôt. Ce qui m'intéresse en ce moment, c'est d'échapper à la mécanique, de savoir si l'inévitable peut avoir une issue.*» (1200). Arrêtons-nous à ces quelques lignes, apparemment simples. Et notons d'abord le parallèle entre l'aumônier et la mécanique : il s'agit, pour le sujet, d'éviter les deux. Or, quelle est cette mécanique, et qui l'aumônier représente-t-il? On l'aura deviné : comme le journaliste, comme l'homme de loi, comme le gendarme, l'aumônier est le serviteur de l'écriture. Ici, tout simplement, des Écritures. Quant à la mécanique, on a vu l'écriture y être associée par le biais du jeu, du système juridique («*système de défense*» (1196)) et, surtout, de l'«automate», cette femme bizarre qui cochait les programmes radiophoniques d'un magazine tout en mangeant, avec des «*gestes saccadés*» (1155), des «*gestes précis d'automate*». Ces deux phrases, donc, celle qui parle de l'aumônier et celle qui vise la mécanique résument le problème du sujet en prison, dans le lieu de l'écriture : comment y échapper. À la prison, à l'écriture.

D'une manière caractéristique, le texte opposera immédiatement le scriptural à ce qu'il ne réussit pas à représenter, à ce qu'il brise même, parfois, — à ce syntagme parfait qu'est le récit raconté (et non racontant) : «*Je me reprochais alors de n'avoir pas prêté assez d'attention aux récits d'exécution.*» (1200). Le récit, ici, c'est le vécu, une suite d'événements dans leur contiguïté la plus naturelle, dans leur contingence la plus absolue, où la logique, le «système» de l'écriture n'intervient pas pour tout expliquer/embrouiller. Un tel récit s'oppose donc tout naturellement à cette manifestation scripturale déjà rencontrée, le journal : «*Les journaux parlaient souvent d'une dette qui était due à la société. Il fallait, selon eux, la payer. Mais cela ne parle pas à l'imagination. Ce qui comptait, c'était une possibilité d'évasion, un saut hors du rite implacable, une course à la folie qui offrît toutes les chances de l'espoir.*». Ce qui est particulièrement significatif dans ce passage, c'est que, face aux journaux, à l'écriture qui ne «compte» pas, — le récit, le «vécu» se trouve situé sur un plan bien spécifique, exprimé par trois métaphores : possibilité d'évasion, saut hors du rite, course à la folie. Or, dans leur détermination propre comme dans la gradation qui les ordonne, ces métaphores expriment un renversement apparent des données : le récit «vécu», ce syntagme total, parfait, absolu, que l'on avait jusqu'ici identifié au *réel*, se retrouve du côté de l'évasion, du «*saut hors du rite*», de la folie. Bref : de l'imaginaire. Mais le renversement n'est qu'apparent, et il est nécessaire d'anticiper, ici, quelque peu. Car le récit total, le syntagme parfait, la contingence vécue ne sont, ne peuvent être que mythiques, imaginaires, dans ce cadre délimité de l'écriture qu'est un texte. *La contradiction d'un texte écrit niant l'adéquation de l'écriture au vécu est le symbole même du geste reléguant le vécu dans l'imaginaire.* Ce qui reste, paradoxalement — précisément —, c'est l'écriture. Mais on aura l'occasion d'y revenir.

L'aumônier, c'est-à-dire le rite (1200), c'est-à-dire la « mécanique » (1200, 1201), c'est-à-dire l'écriture — l'obsession du sujet est d'y échapper : «*Je ne sais combien de fois je me suis demandé s'il y avait des exemples de condamnés à mort qui eussent échappé au mécanisme implacable, disparu avant l'exécution, rompu les cordons d'agents.*» (1200). Autant de métaphores signifiantes pour l'écriture : mécanisme implacable (cf. mécanique), l'exécution (mise à mort du vécu), cordons d'agents (en rapport iconique avec la linéarité irréversible de l'écriture). Des métaphores qui n'augurent rien de bon, bien entendu : «*Naturellement, l'espoir, c'était d'être abattu au coin d'une rue, en pleine course, et d'une balle à la volée. Mais, tout bien considéré, rien ne me permettait ce luxe, tout me l'interdisait, la mécanique me reprenait.*» (1200-1). Mécanique qui sera représentée « tangiblement », si l'on peut dire, dans cette photo de la guillotine à laquelle on n'échappe guère, faute d'imaginaire[20] : «*[...] la machine est au même niveau que l'homme qui marche vers elle. [...] Cela aussi était ennuyeux. La montée vers l'échafaud, l'ascension en plein ciel, l'imagination pouvait s'y raccrocher. Tandis que, là encore, la mécanique écrasait tout : on était tué discrètement, avec un peu de honte et beaucoup de précision.*» (1202-1203). En effet, l'imaginaire, ressource suprême du condamné, est prisonnier, victime de la mécanique/écriture. Ainsi, dans la réflexion sur le couple d'alternatives s'offrant à sa spéculation sur l'avenir — l'aube et le pourvoi —, l'écriture, sous la forme du raisonnement cartésien, étouffe, on le verra, le cri de l'imagination. Envisageant le rejet éventuel de son pourvoi, le sujet raisonne : « *Du moment qu'on meurt, comment et quand, cela n'importe pas, c'était évident. Donc (et le difficile c'était de ne pas perdre de vue tout ce que ce "donc" représentait de raisonnements), donc, je devais accepter le rejet de mon pourvoi.* » (1204). Dans la distanciation quasiment spatiale qui sépare un raisonnement d'un autre (raisonnements qu'il ne faut pas « *perdre de vue* ») se manifeste la linéarité de l'écriture, sous la forme du mot *donc* (de même, cette linéarité constitue l'armature, le plan sous-jacent du récit du procureur, où la causalité fait loi). S'identifient ici fort clairement le raisonnement et l'écriture. Aussi, *a contrario*, est-il fort logique de voir associée à l'autre hypothèse le « contraire » de l'écriture : le *cri*. Imaginant l'éventualité d'une grâce, Meursault se voit obligé de « *rendre moins fougueux cet élan du sang et du corps qui me piquait les yeux d'une joie insensée. Il fallait que je m'applique à réduire ce cri, à le raisonner* ». Or, non seulement « raisonner » ce cri équivaut à *l'écrire*, mais le motif qui pousse le sujet à le faire relève, lui aussi, de l'écriture : « *Il fallait que je sois naturel même dans cette hypothèse* [la grâce], *pour rendre plus plausible ma résignation dans la première.* » C'est ainsi au sein même de la pensée du sujet que s'affrontent voix et écriture et que cette dernière, apparemment, triomphe : non seulement Meursault est en prison (lieu de l'écriture), non seulement il est condamné par la justice (écriture) à être exécuté (écriture/mécanique), mais encore doit-il réprimer en son sein ce cri d'espérance, afin de conserver l'efficacité de son raisonnement (écriture).

Cependant, déjà se dégage un changement, une évolution : il ne s'agit plus de paroles, ici, mais d'un « cri ». Celui-ci nous avertit que la fin du récit est proche, où l'opposition qui l'avait régi jusqu'ici se muera en une autre. Au couple oral—scriptural se substituera, en l'espace de quelques lignes, celui, hors texte, du cri face au silence. Ce cri surgira face à la pression ultime de l'écriture, celle-ci étant cette fois représentée par l'aumônier.

la révolte contre le Père

Avec l'aumônier se clôt un cycle actantiel particulier où se représente sans doute la totalité des caractéristiques de l'écriture. Ce cycle relie le directeur de l'asile au juge d'instruction pour aboutir, donc, au prêtre de la prison. Divers aspects communs forgent une certaine similarité entre ces personnages, la première, toute contextuelle, étant le moment du récit où ils interviennent. Le directeur occupe une place privilégiée dans le premier chapitre du récit ; le juge d'instruction marque de sa présence le premier chapitre de la Deuxième Partie. L'aumônier, pour sa part, se situe symétriquement par rapport à ces deux personnages : il clôt, d'une part, la Deuxième Partie, faisant par là pendant au juge d'instruction ; d'autre part, intervenant à la fin du récit tout entier, il boucle un trajet amorcé par le directeur. En fait, l'aumônier constitue la synthèse de ces deux personnages, l'aboutissement' suprême de ces représentants de l'écriture : le délégué des Écritures.

Comme le juge d'instruction — qui lui « *faisait un peu peur* » (1173) — l'aumônier effraie légèrement Meursault : « *Quand je l'ai vu, j'ai eu un petit tremblement.* » (1205), ce qui n'est pas sans rappeler la première réaction du sujet face au directeur de l'asile : tenter de se justifier. Comme le juge d'instruction, aussi, l'aumônier demande au sujet, en insistant, s'il croit en Dieu. Et comme lui, le prêtre est associé au jeu : « *Il s'est levé* [...] *et m'a regardé droit dans les yeux. C'est un jeu que je connaissais bien.* [...] *L'aumônier aussi connaissait bien ce jeu* [...]. » (1206). D'autre part, c'est avec le directeur de l'asile que l'aumônier se retrouve en une commune paternité affirmée par rapport au sujet. Si le directeur de l'asile parle à Meursault en lui disant « *mon cher enfant* » (1126), l'aumônier, lui, qui dit, en s'adressant à

44

Meursault, « *mon fils* » (1208), s'étonne que le sujet ne l'appelle pas « *mon père* ». Cette attitude commune au directeur et au prêtre[21] fournit au texte un *cadre* qui est une *dimension*, qui associe l'écriture au Père.

L'entrée de l'aumônier dans la cellule de Meursault équivaut donc à une dernière charge de l'écriture (jeu/Loi/Père) contre le sujet, contre sa parole. Cette dernière attaque provoquera l'explosion, le cri : « *Alors, je ne sais pas pourquoi, il y a quelque chose qui a crevé en moi. Je me suis mis à crier à plein gosier et je l'ai insulté et je lui ai dit de ne pas prier. Je l'avais pris par le collet de sa soutane. Je déversais sur lui tout le fond de mon cœur avec des bondissements mêlés de joie et de colère. [...] J'étouffais en criant tout ceci.* » (1208-9). Cette révolte suprême de la voix, à laquelle avait fait prélude le cri d'espérance intérieur, situe désormais l'opposition voix/écriture dans une dimension qui est *interne* à tout langage. Car, compris dans le cadre même de cette opposition, *le cri fait problème* : qu'est-ce qu'un cri, sinon le produit du Désir, poussé jusqu'à l'outrance, de transcender le langage lui-même ? Aussi bien, la parole est rejetée, tout autant que l'écriture, *celle-là indiquant celle-ci comme sa structure logique profonde*.

Mais aussi, on ne transcende pas le langage sans s'exclure du domaine de l'expression écrite. Un véritable cri est intrinsèquement extra-textuel. D'où le silence, la fin abrupte du récit.

STRUCTURELLES

I

NAISSANCE : LE TRAVAIL SYMBOLIQUE

À travers une lecture de la Deuxième Partie, visant à déterminer l'évolution du statut de la parole de Meursault, on a donc pu constater l'existence d'une diachronie et, surtout, le fait que c'est celle-ci qui fonde le sens du texte, qui fonde le texte en récit. On verra maintenant que ce n'est que dans une telle perspective diachronique que prennent sens les divers résultats de l'analyse précédente, qui concernait le statut en quelque sorte *trans-diachronique* du scriptural dans la diégèse de *L'Étranger*. À l'égard de l'écriture comme à l'égard de la parole intra-diégétique, rien ne peut plus être dit hors de la prise en considération du caractère évolutif de la narration. Or, la possibilité d'une évolution implique une identité, tout autant qu'une différenciation. Cette identité dans la différence est celle du *sujet*. La notion même de diachronie renvoie avant tout au sujet du texte ou à celui, corrélatif, de son Désir, de son vouloir. Aussi bien, sera-ce dans le contexte d'une évolution du sujet que l'écriture s'intégrera à une diachronie.

Dans cette perspective, les pages qui suivent tenteront d'étayer deux propositions qui, confirmées, accompliront la synthèse structurelle de ce qui a été constaté jusqu'ici sur le seul plan symptomatique :

1) *L'Étranger* est le récit de la naissance d'un sujet (Première Partie) et l'avènement d'une identité, c'est-à-dire d'un Désir (Deuxième Partie).

2) La naissance se fait *littéralement* par l'écriture : depuis le télégramme jusqu'aux coups de feu (qu'on verra associés à l'écriture) en passant par la lettre de Raymond, c'est le système logique du « gramme », tel qu'il est présenté dans le texte (nonsens, imposture, articulation en éléments discrets arbitraires, etc.) qui amène le sujet à *naître*.

L'identité, elle, se fera *contre* l'écriture, dans une démarche paradoxale, puisque soumise aux lois du Père-Écriture. Dans une structure miroitante (la Deuxième Partie), le sujet, enfermé dans l'écriture et réprimé par elle, s'affirmera en s'identifiant à une série de reflets, d'images dont le sens est une opposition au scriptural. Série qui aboutira à un *refus* : refus du Temps, du regard, de l'écriture. L'identité du sujet se constituera dans le néant de l'après-texte.

écriture et disparition maternelle

Il faut prendre le mot à la lettre : il s'agit d'une naissance, c'est-à-dire d'un accouchement. Celui-ci aura lieu, on le devine, dans le dernier chapitre de cette Première Partie et se concrétisera lors du meurtre de l'Arabe. Cependant, tout un *travail* prépare cet accouchement. Travail symbolique, bien sûr, travail de l'écriture. Qui commence, fort logiquement, par la mère.

Le texte, le récit, tout commence à partir de la mort de la Mère. Il est donc évident, sans même aller plus loin dans l'analyse, que le sujet, n'existant que par et dans le texte, aura constamment un lien spécifique avec sa mère : il ne *sera* (ne serait-ce que syntaxiquement) qu'à partir de la disparition de celle-ci. Cette structure est à l'origine du récit, le télégramme ne déclenchant le récit que parce que la mère de Meursault est morte. Et cela se répétera tout au long du texte : *chaque évolution du sujet se situera dans le contexte d'une disparition maternelle, et celle-ci sera toujours liée, d'une manière ou d'une autre, au surgissement de l'écriture.*

Les disparitions seront répétées dans la mesure où la Mère aura été remplacée. Et effectivement, dès le lendemain de son enterrement se produit le premier effet du travail textuel : une double substitution. Il y a d'abord Marie, dont le nom même et, surtout, la position dans le récit indiquent clairement le rapport métaphorique au personnage désormais disparu de la mère. Ce caractère métaphorique de la compagne de Meursault est d'ailleurs renforcé par une ressemblance et ce, précisément, au niveau du langage : Marie, on l'a déjà noté, ne parle pas beaucoup, tout comme la mère de Meursault, qui est associée au silence : «*Quand elle était à la maison, maman passait son temps à me suivre des yeux en silence.*» (1126). Cela ressort également de la scène du parloir, où deux personnages symétriquement placés par rapport à Meursault et Marie semblent reconstituer cette relation particulière du sujet et de sa mère : un jeune homme et «*une petite vieille aux lèvres serrées*» (1176). Les lèvres serrées ne peuvent pas ne pas évoquer la mère du sujet et son silence, cette mère qui «*n'avait rien à me dire*» (1157). La caractérisation des personnages recoupe ainsi la logique générale du texte : le sujet de celui-ci, de l'écriture, n'a rien en commun avec celle qui doit disparaître pour que surgisse l'écriture. Plus exactement : ils n'ont rien à se dire.

D'autre part, la mer, elle aussi, est investie de «maternité». Métonymiquement, d'abord : c'est dans la mer que Meursault retrouve Marie. Mais surtout, c'est essentiellement au moment même du meurtre que, grâce au travail symbolique du texte, qui sera analysé un peu plus loin, la mer est sans nul doute possible signifiée comme Mère[22].

Or, en ce qui concerne Marie, le rythme alternatif de ses présences et absences dans l'univers du sujet est scandé par l'écriture, celle-ci annonçant toujours l'absence. Ainsi, antérieurement au temps du récit, Marie avait été une dactylo du bureau de Meursault. Et tant que cette proximité était ainsi régie par l'écriture, le contact ne s'était pas fait. La véritable rencontre entre Marie et Meursault s'effectue doublement hors du domaine de l'écriture : dans la mer, d'une part, et alors que Marie ne participe plus à l'activité professionnelle de Meursault, de l'autre. Se manifeste ainsi un net rapport d'exclusion écriture/présence maternelle. Cette constante se retrouve lors de la rupture définitive des contacts entre le sujet et Marie[23]. Cette rupture est annoncée à Meursault, en prison, par une lettre dont la position narrative particulière a déjà été soulignée. Insistons ici sur la relation significative entre ce surgissement de l'écrit dans la diégèse et la disparition maternelle. C'est un moment important dans l'évolution du sujet, comme le texte le dit lui-même : «*En réalité, je n'étais pas réellement en prison les premiers jours : j'attendais vaguement quelque événement nouveau. C'est seulement après la première et la seule visite de Marie que tout a commencé. Du jour où j'ai reçu sa lettre [...], de ce jour-là, j'ai senti que j'étais chez moi dans ma cellule et que ma vie s'y arrêtait.*» (1175). Ainsi, cet événement attendu, c'est une lettre, de l'écriture, signifiant dont le signifié est la disparition de la mère. C'est alors, et alors seulement, que se produit quelque chose de *nouveau* dans l'existence du sujet. Notons en passant le parallèle entre cette lettre, qui inaugure le séjour de Meursault en prison (et, dans la chronologie diégétique : la Deuxième Partie), et le télégramme, qui annonce et ouvre la Première Partie (et le récit tout entier) ; et superposons à ce parallèle celui qui existe entre les deux silences maternels. La cohérence est parfaite, en ce qu'à l'écriture disloquée du télégramme correspond la disparition de la mère et de son silence *absolu*, alors qu'à l'écriture personnelle de la lettre, où se retrouvent certaines inflexions orales, répond la disparition de Marie qui, silencieuse, n'en parle pas moins, de temps en temps.

Le travail symbolique du texte produit ainsi la maternité métaphorique nécessaire à l'aboutissement de la formation du sujet, puis de son expulsion-accouchement. Marie, substitut de la Mère morte pour accoucher de l'écrit, servira en fait de relais métonymique pour la métaphore suprême, où la valeur « maternité » s'investit dans la *mer*. Investissement dont la temporalité est l'éphémère : car il s'inscrit dans le moment précis de l'accouchement, de l'expulsion du sujet hors de la Mère. Hors de la mer.

« *l'effort et les pleurs de femme* » (1165)

Hors de la mer, très concrètement. La scène du meurtre de l'Arabe est à analyser comme étant une naissance dans le sens physique du terme. Le texte nous y invite à travers des indices d'ordre métonymique, des expressions métaphoriques et une structure générale où l'écriture joue le rôle principal.

indices

La chaleur torride, bien sûr, mais aussi ses effets, très précisément mentionnés. La sensation d'étouffement : « *On respirait à peine dans la chaleur de pierre qui montait du sol.* » (1162), et l'absence de toute pensée : « *Je ne pensais à rien parce que j'étais à moitié endormi par le soleil sur ma tête nue.* ». Le sang, ensuite, sang dont les éléments premiers apparaissent d'abord séparément : l'humidité — « *Quelquefois, une petite vague plus longue que l'autre venait mouiller nos souliers de toile.* » — puis la couleur : « *Le sable surchauffé me semblait rouge maintenant.* ». Le sang apparaîtra directement plus loin, lorsque Raymond est blessé au bras, « *dégouttant de sang* » (1163), et à la bouche, ce qui fait qu'à « *chaque fois qu'il parlait, le sang de sa blessure faisait des bulles dans sa bouche* ». Cependant, déjà émerge une structure dans l'évolution du récit qui, accumulant des indices, nous construit un cadre. Et de fait, à la seconde rencontre, l'ensemble de ces éléments est saisi en une synthèse confuse : «[...] *nous sommes restés encore immobiles comme si tout s'était refermé autour de nous. Nous nous regardions sans baisser les yeux et tout s'arrêtait ici entre la mer, le sable et le soleil* [...].» (1164). Insistons sur cet *enfermement*, paradoxal sur une plage quasiment déserte. C'est à travers ce paradoxe que se manifeste le plus clairement le caractère métaphorique de cette scène. Si «*tout s'était refermé autour de nous*», c'est qu'il faudra en sortir. On verra maintenant qu'en sortir équivaut à naître.

expressions métaphoriques

Ce sont celles-ci qui renvoient directement à l'événement de la naissance. Le meurtre s'inscrit dans un cadre dont on vient de voir l'élaboration, et qui se présente maintenant dans son vouloir-dire le plus évident, lors du dernier retour de Meursault du cabanon en direction des Arabes :

C'était le même éclatement rouge. Sur le sable, la mer haletait de toute la respiration rapide et étouffée de ses petites vagues. Je marchais lentement vers les rochers et je sentais mon front se gonfler sous le soleil. Toute cette chaleur s'appuyait sur moi et s'opposait à mon avance. Et chaque fois que je sentais son grand souffle chaud sur mon visage, je serrais les dents, je fermais les poings dans les poches de mon pantalon, je me tendais tout entier pour triompher du soleil et de cette ivresse opaque qu'il me déversait. (1165)

Cet éclatement rouge, la respiration rapide et étouffée de cette mer qui halète, ce grand souffle chaud, tout cela nous indique du vivant. Du vivant à l'œuvre de vie[24]. Et s'il restait quelque doute, les lignes qui suivent l'élimineraient aisément : «*Je pensais à la source fraîche derrière le rocher. J'avais envie de retrouver le murmure de son eau, envie de fuir le soleil, l'effort et les pleurs de femme, envie enfin de retrouver l'ombre et son repos.* » (1165).

La totalité des descriptions, des indices et des expressions métaphoriques rencontrés jusqu'ici se cristallisent donc dans la dénomination directe : la femme, dont « *l'effort et les pleurs* » indiquent sans doute possible la situation.

présence paternelle : le soleil

La mère, c'est donc cette mer qui halète, qui mouille les pieds du sujet, c'est l'élément dans lequel Meursault passe ses meilleurs moments. C'est donc de cette mer qu'il sera expulsé en naissant. Cette naissance, passant par la mort de l'Autre, le mène nécessairement en prison, lieu qui, précisément, se trouve en rapport d'exclusion totale avec la mer : « *Au début de ma détention* [...] *l'envie me prenait d'être sur une plage et de descendre vers la mer. À imaginer le bruit des premières vagues sous la plante de mes pieds, l'entrée du corps dans l'eau et la délivrance que j'y trouvais, je sentais tout d'un coup combien les murs de ma prison étaient rapprochés.* » (1178). Aussi, à se souvenir de ce que la prison doit être considérée comme le lieu de l'écriture, l'on voit se renforcer l'isomorphisme qui met en rapport d'exclusion la Mère (la mer) et l'écriture (la prison). Et l'on se trouve en présence d'une structure à laquelle il ne manque plus que le *joint*, l'élément qui permet d'en comprendre le fonctionnement, le facteur qui fait qu'on passe d'un moment de la diachronie, d'un terme d'une incompatibilité, – à l'autre.

Cet élément est double, lui aussi, en ce qu'il a comme agent direct l'écriture même et que celle-ci, dans le contexte de la naissance, est soumise au régime solaire, c'est-à-dire au Père. En effet, se pose la question de ce qui peut amener le sujet à être expulsé de la mer, ou autrement dit, à tuer. La réponse est donnée lors du procès par Meursault lui-même : « *J'ai dit rapidement, en mêlant un peu les mots et en me rendant compte de mon ridicule, que c'était à cause du soleil.* » (1196). Roland Barthes, dans son article « *L'Étranger, roman solaire* »[25], s'il insiste sur le fait que Meursault « *est un homme charnellement soumis au soleil* » (p. 63[25]), interprète la figure solaire par la Fatalité (p. 64[25]), ce qui, ne relevant d'aucune analyse précise, ne peut satisfaire une approche strictement textuelle. Et pourtant, il semble que la réponse soit aisée, à bien établir les rapports et la logique interne du texte[26].

En effet, à partir de la réponse du sujet lors de son procès (mais on aurait pu commencer en un autre point du cercle) et à bien saisir l'événement (le meurtre) comme étant une naissance, il est difficile de ne pas être tenté d'identifier le soleil à l'instance paternelle. À cela s'ajoutent plusieurs raisons supplémentaires, d'ordre indiciel, d'une part, et structurel, de l'autre. Il y a d'abord le rapport de contiguïté, en général, entre le soleil et la mer, du moins pour ce qui concerne le sujet, celui-ci ne plongeant dans la mer que du fait de la chaleur. Il y a ensuite, et surtout, la présence du soleil lors des deux autres moments essentiels du récit : l'enterrement de la mère de Meursault et le procès. Ces deux événements étant caractérisés par un ordre spécifiquement *rituel*, le soleil se trouve nécessairement associé à une *Loi*. Or, précisément, cette loi relève du paternel, comme on l'a noté plus haut, à travers les divers personnages de ces scènes : le directeur de l'asile, le juge d'instruction, l'aumônier. Aussi, quand le texte précise, lors du procès : « *C'était le même soleil que le jour où j'avais enterré maman* [...]. » (1166), l'identité soleil-Père ne peut qu'être renforcée.

Cependant, c'est au niveau structurel, ou plutôt *fonctionnel* du récit que le soleil joue — au-delà d'une identité formelle — le rôle du Père : amener un sujet à naître, amener Meursault à être expulsé de ce cadre fermé, de ce giron maternel qu'est la mer. Rencontrant l'Arabe pour la dernière fois, le sujet hésite : « *J'ai pensé que je n'avais qu'un demi-tour à faire et ce serait fini. Mais toute une plage vibrante de soleil se pressait derrière moi.* » (1165-6). Ce soleil qui le pousse par derrière, lui brûlera le front

54

par devant, ce qui provoquera le mouvement décisif : « *À cause de cette brûlure que je ne pouvais plus supporter, j'ai fait un mouvement en avant. Je savais que c'était stupide, que je ne me débarrasserais pas du soleil en me déplaçant d'un pas. Mais j'ai fait un pas, un seul pas en avant.* » (1166). Et effectivement, le sujet ne se débarrassera pas du soleil, qui reste présent par le biais du couteau. Le soleil devient une lame : « *La lumière a giclé sur l'acier et c'était comme une longue lame étincelante qui m'atteignait au front.* », puis un glaive : « [...] *le glaive éclatant jailli du couteau toujours en face de moi.* », enfin une épée : « *Cette épée brûlante rongeait mes cils et fouillait mes yeux douloureux.* ». Cette métamorphose phallique du soleil, inscription du Nom du Père dans l'espace maternel de la mer[27], est l'aboutissement suprême du processus de cette mutation qu'est la naissance du sujet. Et l'accouchement se fait : « *C'est alors que tout a vacillé. La mer a charrié un souffle épais et ardent. Il m'a semblé que le ciel s'ouvrait sur toute son étendue pour laisser pleuvoir du feu. Tout mon être s'est tendu et j'ai crispé ma main sur le revolver. La gâchette a cédé, j'ai touché le ventre poli de la crosse et c'est là, dans le bruit à la fois sec et assourdissant, que tout a commencé.* ». Tout y est, sur tous les plans. Métonymique, où apparaît le mot *ventre* ; métaphorique, qui parle du « *souffle épais et ardent* » de la mer ; et jusqu'au degré zéro du langage rhétorique, où il est dit que « *c'est là* [...] *que tout a commencé* ».

Cependant, l'accouchement ne se fait pas en un instant et son accomplissement demande un *temps*. Textuellement, il s'agira du temps scandé par les quatre coups de revolver tirés par Meursault en plus du premier. C'est alors seulement que le texte peut mentionner la fin de l'accouchement, la sortie définitive. Et qui dit « sortie », dit « porte » : « *Et c'était comme quatre coups brefs que je frappais sur la porte du malheur.* » (1166). Mais il n'y a pas d'issue, comme le dit le texte par deux fois (1135, 1181). Et cette porte de sortie se confondra avec celle par laquelle on entre dans une prison. C'est aussi que ces quatre coups de revolver déterminent un temps qui est celui de ce à quoi le sujet tente désespérément d'échapper : le temps paternel, le temps de l'écriture.

NAISSANCE : ACCOUCHEMENT (D')ÉCRITURE

antérieures : le télégramme, la lettre

Les trois moments essentiels de la Première Partie (et, en un sens, de la diachronie du récit tout entier), en ce qu'ils déterminent une suite événementielle spécifique, sont tous intrinsèquement liés à l'écriture. Il s'agit du télégramme ouvrant le récit, de la rédaction par Meursault de la lettre de Raymond et du meurtre de l'Arabe. Avant d'aborder ce dernier événement, dont le rapport avec le scriptural doit être explicité, il n'est pas inutile d'insister sur l'importance de l'écriture dans le cheminement du texte qui y mène.

Le télégramme, dont la position dans l'ordre du récit est privilégiée, soumet le texte entier, qu'il ouvre, à son propre régime : celui du non-sens, ou du moins d'un déplacement incertain quant à son vouloir-dire. Aussi bien, le sujet d'un tel texte ne peut être, à ce stade, que problématique. En effet, récepteur d'un message (destinataire du télégramme), il est également situé par celui-ci en un contexte temporel qui le définit (aujourd'hui - demain - hier) : c'est-à-dire qu'à travers l'incertitude du déictique *demain*, c'est le sujet lui-même qui est visé. Et le texte qui suit le télégramme ne permet effectivement pas de préciser les contours de ce personnage que l'on appelle Meursault. Les premières pages de *L'Étranger*, soumises comme elles le sont au sceau du télégramme, nous présentent un sujet placé sous le signe du non-identifiable, du non-sens.

Cette non-identité se mue en identité *fausse* avec le deuxième événement important : la rédaction de la lettre. En effet, écrivant celle-ci pour Raymond, signant au nom de ce dernier, le sujet se forge une fausse identité, si l'on peut dire, renvoyant à un *autre* à travers ce déictique nominal qu'est la signature. Ainsi, du néant (le hors-texte) à la négativité (le télégramme), de celle-ci à l'imposture (la lettre), se crée un parcours, celui d'une identité, parcours dont l'aboutissement sera, comme ses jalons, de l'ordre du scriptural.

trois notes : homogénéité, naturalité, silence

Car effectivement, les quatre coups de revolver, qui s'inscrivent dans le contexte précis décrit dans le chapitre vi de la Première Partie, symbolisent l'Écriture. Ce qu'il faut tenter de démontrer en les opposant aux trois notes émises par un des Arabes à partir d'un roseau. Le texte insiste, en effet, sur ces trois notes qui se répètent : «*L'autre* [Arabe] *soufflait dans un petit roseau et répétait sans cesse, en nous regardant du coin de l'œil, les trois notes qu'il obtenait de son instrument.* [§] *Pendant tout ce temps, il n'y a plus eu que le soleil et ce silence, avec le petit bruit de la source et les trois notes.*» (1164).

Les trois notes sont caractérisées de multiples manières, chacune renforçant leur valeur opposée à celle de l'écriture. Appartenant à un système sémiotique, celui de la gamme (quelle qu'elle soit), ces notes s'en démarquent en n'étant, précisément, que *trois* et en se répétant «*sans cesse*» (1164). Leur capacité à former un véritable syntagme musical est donc douteuse[28] : le chiffre *3* indique une structure close, cyclique, répétitive, ne permettant pas, par sa répétitivité même, la création d'un syntagme délimité. Il y a là, sans aucun doute, une position paradoxale : trouvant leur sens originel dans le cadre de la musique (puisqu'il n'y a de «notes» que musicales, appartenant à un système ; le texte ne dit pas *sons*, mais bien *notes*), les trois notes se situent cependant en dehors de celle-ci, évitant de constituer son élément premier : un syntagme. Cette ambiguïté est d'ailleurs renforcée par le caractère même de l'instrument : d'origine *naturelle*, ce roseau est défini dans le texte comme un instrument dont l'Arabe *obtenait* ces trois notes (étant entendu que le caractère naturel de cette flûte, ainsi que tout ce qui concerne ces trois notes arabes, est à inscrire dans le cadre d'une analyse générale du statut de l'Arabe dans *L'Étranger*). Il ne me semble pas trop audacieux de lire dans cette description fort précise une caractérisation du roseau comme n'étant pas, *a priori*, un instrument de musique. Ou, inversement, comme étant littéralement un *instrument* (et non pas un «instrument de musique»), c'est-à-dire un moyen *hétérogène* au résultat, s'il s'agit de musique (naturel, par contre, s'il ne s'était agi que de *sons*).

Cependant, c'est le contexte même où apparaissent ces trois notes qui renforce incontestablement leur caractère naturel, au détriment de leur appartenance à un système sémiotique culturel. En effet, elles sont constamment associées métonymiquement à la petite source qui coule à l'endroit où sont couchés les Arabes. Déjà, dans le passage cité plus haut, étaient associés «*le petit bruit de la source et les trois notes*» (1164). Ce rapport s'accentue en se répétant un peu plus loin : «*Nous nous regardions sans baisser les yeux et tout s'arrêtait ici entre la mer, le sable et le soleil, le double silence de la flûte et de l'eau.*». Il est évident que ce rapport métonymique ne fait que souligner un trait fondamental qui est commun à la source et aux notes du roseau : la linéarité. Cette similarité est renforcée par la contingence, déjà mentionnée, des trois notes : ne faisant pas sens (syntagme), se répétant sans cesse, elles finissent par constituer une linéarité homogène, un flux ininterrompu, sans signification et sans *fin* (aux deux sens essentiels du mot). Tout comme la source. Mais aussi, ne jouant pas le jeu, ces trois notes, finale-

59

ment, ne *disent* rien. C'est bien pourquoi le texte les associe (ainsi que le bruit de la source), aussi paradoxal que cela puisse paraître, au *silence*. Silence qui les *accompagne* d'abord : «[...] *il n'y a plus eu que le soleil et ce silence,* AVEC *le petit bruit de la source* ET *les trois notes.*», et qu'elles *deviennent* ensuite : «[...] *tout s'arrêtait ici entre la mer, le sable et le soleil, le* DOUBLE *silence* DE *la flûte et* DE *l'eau.*». Bien entendu, la flûte est silence *tout en continuant à émettre ses trois notes* : d'une part, en effet, l'activité de l'Arabe avait été qualifiée des deux mots «*sans cesse*» ; d'autre part, associées à la source dans le «*petit bruit*», les trois notes le sont également dans le silence, et comme la source n'a évidemment pas cessé de couler, la conclusion s'impose : les trois notes ne s'arrêtent pas de résonner, tout en devenant silence. La flûte fait silence, tout comme la source, parce qu'elle ne *parle* pas, parce qu'elle ne fait pas sens, syntagme, musique. Langage[29].

C'est sur cette toile de fond que se détachent les quatre coups de feu. À partir d'un dénominateur commun, la linéarité des éléments et leur sonorité, ils s'opposeront en tous points aux trois notes de l'Arabe.

les coups de feu : l'écriture

D'abord en ce qui concerne l'instrument, qui se situe sans ambiguïté dans un cadre culturel : le revolver. Comme pour en souligner le caractère culturel, le texte mentionne quelques parties essentielles (et fonctionnelles) de l'arme : la gâchette, la crosse (1166). Ensuite, le bruit «*à la fois sec et assourdissant*» du coup de revolver s'oppose significativement au silence que l'on a vu caractériser les trois notes. *Significativement*, car les quatre coups de feu *disent*, eux, quelque chose : «[...] *c'était comme quatre coups brefs que je frappais sur la porte du malheur.*» Des coups frappés sur une porte relèvent, en effet, d'un système sémiotique, et, qui

60

plus est, d'un système de communication culturel bien défini historiquement. Ces quatre coups forment un message déterminé.

Cependant, la question se pose, de savoir quelle est la raison *structurale* intrinsèque aux coups de feu, qui fait cette différence entre eux et les trois notes de l'Arabe. La réponse se situe sur le plan du chiffre : *4* face à *3*.

Il faut d'abord insister sur le fait que ce qui fait problème et, donc, sens, dans le récit, ce n'est pas tant le premier coup de revolver, celui qui, effectivement, abat l'Arabe, que les quatre autres qui suivent. Cela est souligné dès le chapitre suivant, lors de l'interrogatoire chez le juge d'instruction qui insiste longuement à cet égard, d'autant plus longuement que Meursault ne répond pas à ses questions sur ce point (1172-3). Cette insistance exceptionnelle de la part du juge entraîne même de la part du narrateur un commentaire désabusé : «*J'ai à peu près compris qu'à son avis il n'y avait qu'un point d'obscur dans ma confession, le fait d'avoir attendu pour tirer mon second coup de revolver. Pour le reste, c'était très bien, mais cela, il ne le comprenait pas.*» (1173). L'ironie cinglante de ces dernières lignes n'enlève rien au fait que ce sont ces quatre coups de feu qui demandent, effectivement, explication.

On connaît la thèse de René Girard[30] qui, posant *a priori* l'*intention* de *L'Étranger* (et plus spécifiquement : de Camus) comme étant de disqualifier, d'une certaine manière, les juges du procès, affirme que Meursault doit être en même temps innocent (pour que sa condamnation soit blâmable) et coupable (pour que les juges puissent effectivement le condamner sans faillir à la vraisemblance). Cette simultanéité des contraires étant impossible, il en résulte, selon R. Girard, un *défaut de structure* que seule «*l'habileté de la technique narrative*» rend «*très difficile à déceler*» (p.122[30]). Il faut refuser cette lecture de *L'Étranger* si intelligente soit-elle, en ce qu'elle s'appuie sur le point de vue extérieur de la *vraisemblance*. Ce qui l'amène à dire : «*nos efforts pour donner un sens au geste criminel de Meursault n'aboutissent à rien.*» (p. 121[30]). C'est que le critique conçoit ici le *sens* comme une adéquation (quelle qu'elle soit, du reste) à une conduite fonctionnelle *extra-textuelle*. Aussi, est-ce dans une telle perspective qu'il réfute le recours au Destin, à ce Fatum invoqué par certaines analyses de *L'Étranger* : «*De nos jours, nous invoquons encore le Destin quand nous refusons d'attribuer un événement au hasard, bien que nous soyons incapables de l'expliquer. Mais nous ne prenons pas au sérieux cette "explication" par le Destin lorsqu'il s'agit de faits réels.* LE MONDE DANS LEQUEL NOUS VIVONS EST ESSENTIELLEMENT RATIONNEL *et il demande à être interprété rationnellement*» (p. 20[30]). Or, l'*intention* de Camus[31] étant de condamner les juges existant dans «*le monde de la réalité*» (p. 120[30]), le monde représenté doit évidemment être celui des «*vrais tribunaux*», et le Destin n'a rien à y faire, conclut René Girard.

Seulement voilà, il ne s'agit pas là de «faits réels», et les intentions de l'auteur n'ont que peu de rapports avec une analyse textuelle cohérente. Et s'il faut, avec R. Girard, refuser le recours au Destin comme catégorie explicative, c'est bien parce qu'il s'agit là d'un élément extérieur au texte, tout comme ces intentions. Par contre, l'ensemble des composantes de la diégèse, tous ces «détails» que R. Girard considère comme «*insignifiants en eux-mêmes, mais qui finissent par prendre une valeur de présage, simplement parce que l'auteur a jugé bon de les noter*» (p. 123[30]), — tout cela n'est pas extérieur, mais *constitutif* par rapport au texte. Le réel, ici, c'est l'univers diégétique, et ces détails sont tout, sauf insignifiants : c'est dans le contexte de leur organisation que le meurtre de l'Arabe prend son sens. Face à René Girard et au procureur qui, assez significativement, se rejoignent dans leur conception du *sens*, face aux tentatives (vouées à l'échec, bien sûr) d'expliquer les coups de feu dans

62

le cadre d'un ordre cartésien, l'on n'a d'autre choix que de se référer à celui du texte. Où *4* s'oppose à *3*.

À bien se souvenir du caractère cyclique, clos et répétitif qu'implique le chiffre *3* (du moins tel qu'il apparaît, associé aux notes, dans le texte) et à bien considérer l'importance de cet événement crucial où s'inscrivent les quatre coups de feu, — il faut convenir de ce que le chiffre *4* est significatif en soi. Élargissant le *3* d'un cran, il en rompt la clôture, désarticule la répétitivité pour la transformer en diachronie, éventre la cyclicité et la déploie en une linéarité événementielle. Il y a violence, ici, et celle-ci motive les coups de feu plus que ceux-ci ne la créent. C'est qu'il y a rupture fondamentale, introduction de l'événement dans un monde sans histoire(s), du sens dans le silence. Ce que le texte dit on ne peut plus explicitement : « [...] *j'avais détruit l'équilibre du jour, le silence exceptionnel d'une plage où j'avais été heureux.* » (1166). Équilibre — parce que sous le régime répétitif de l'homogénéité, du *3*[32]. La naissance du sujet est l'irruption du nouveau, du contingent, du non-inclus dans le répétitif. Mais elle est aussi le *sens*, le signifié de ce syntagme que sont les coups de feu.

Or, s'il s'oppose aux trois notes en ce qu'il réalise ce que celles-ci n'ont pas fait — du langage —, ce syntagme ne semble pas pour autant relever du même système sémiotique qu'elles. *A priori*, des coups de feu ne sont pas de la musique. Sur quel plan, dans quelle sémiotique faut-il alors les situer? La question est importante, car les quatre coups de feu signalant, *régissant* la naissance du sujet, celui-ci relèvera dans son essence même de leur nature sémiotique. La réponse s'articule à travers un jeu d'identités et de différences. L'identité, ce sera ici la *sonorité* de l'élément premier, note ou coup de feu. Les différences se manifesteront sur le fond de cette qualité acoustique commune, à partir de sa transformation syntagmatique. En effet, la sonorité première des notes du roseau s'estompe graduellement, on l'a vu, au fil de leur répétition en un cycle homogène et ternaire, pour aboutir au silence. Silence où, finalement, les trois notes se confondent l'une dans l'autre. C'est d'ailleurs dans la mesure précise où trois notes *doivent* logiquement être différentes l'une des deux autres, que leur inlassable répétition, leur non-expressivité, leur uniformité nominale même («trois notes»), insistent sur l'effacement d'une telle différence. Par contre, les quatre coups de feu, en détruisant cette homogénéité, rompent également le silence propre à l'ensemble et introduisent une distinction renouvelée entre les éléments premiers, ceux-ci acquérant, *retrouvant* une autonomie acoustique. Il y a *quatre* coups de feu, surgissant *après* le *premier*. Un certain parallélisme peut du reste être constaté entre le premier coup, qui ne se particularise que par son isolement (et par le fait implicite qu'il est celui qui tue, bien entendu), et le cinquième, lequel, apparaissant dans son groupe *en tant que quatrième*, a pour fonction de faire éclater la structure ternaire homogène. Contrairement aux notes du roseau, les coups de feu articulent trois éléments essentiellement distincts : le premier coup, les trois qui suivent (qui pourraient, eux, éventuellement se situer en rapport spéculaire avec les trois notes du roseau) et le dernier. Bref, face à l'homogénéité des trois notes anonymes, où le silence s'établit à partir d'une sonorité originelle, les coups de feu présentent une articulation signifiante d'éléments sonores discrets.

À cela il faut ajouter deux points essentiels. Le premier concerne la *trace* que laisse le coup de feu : cette trace est *visible*, bien après que le son s'est évanoui. En fait, c'est une telle trace, plus que le son de la détonation, qui indique sans doute possible, et à jamais, qu'un coup de feu a effectivement été tiré. L'autre constatation vise le mode *instrumental* de la production du coup de feu. Face au caractère quasiment organique, naturel, de la note du roseau, le coup de feu s'inscrit dans un contexte culturel où le rapport entre l'acte et l'effet passe par l'instrument intentionnellement conçu à cette fin.

Sonorité s'inscrivant dans la visibilité d'une trace, articulation d'éléments discrets, production instrumentale du syntagme signifiant — face au souffle organique du roseau, les coups de revolver semblent bien renvoyer à l'écriture[33]. Annoncée par un télégramme, provoquée par la rédaction d'une lettre, la naissance du sujet de *L'Étranger* se situe dans le contexte de la Loi (le crime), du Père (le soleil). Du scriptural. Toute la Deuxième Partie, qui découle de cet événement central qu'est le meurtre de l'Arabe, consistera en un effort désespéré de la part de Meursault, visant à nier le fait qu'étant sujet de la narration, il est également, nécessairement, sujet de l'écriture.

III

THÉORIE DE L'ÉCRITURE : *a)* LE PARADIS

écriture, violence, extériorité

En plus de ce que l'on a pu constater au début de cette analyse, l'écriture est donc caractérisée par la violence, celle-ci relevant du régime solaire, c'est-à-dire du Nom du Père. Une telle association du scriptural à la violence apparaît nettement dans une lecture détaillée du texte en général. En plus de ce qui a déjà été dit, quelques exemples suffiront à le démontrer.

Ainsi, le caractère violent de l'écriture est indiqué dans les propos de Raymond concernant la lettre qu'il voulait voir écrite par Meursault : «[...] *une lettre "avec des coups de pied et en même temps des choses pour* [...] *faire regretter".*» (1146). Or, si le meurtre de l'Arabe (ainsi que la blessure de Raymond) peut être considéré comme une conséquence relativement indirecte de cette lettre (trop indirecte, du moins, pour que s'y manifeste sans équivoque le rapport de l'écrit à la violence), il n'en est évidemment pas de même pour ce qui concerne les coups que Raymond donne effectivement à la Mauresque, destinataire de la lettre et venue chez le souteneur précisément à cause de celle-ci. Toute cette scène (chap. IV) est d'ailleurs remarquable du fait de la violence qui y sévit : les coups donnés par Raymond, bien sûr, mais aussi, conséquence ultime, à ce stade, la gifle donnée par l'agent au «magasinier». Notons par ailleurs que ce déchaînement de violence annonce symétriquement, et comme en un mouvement de boomerang, celui qui concernera Meursault lui-même. De même que Raymond bat la Mauresque, Meursault («vrai copain» du souteneur) tuera le frère de celle-ci ; parallèlement à la gifle de l'agent qui sanctionne en quelque sorte l'action de Raymond, il y aura la sentence qui punira celle de Meursault.

Cependant, il est une caractéristique de l'écriture, déjà mentionnée, qui rejoint maintenant son aspect violent : il s'agit de l'extériorité. L'écriture a déjà, ici même, été qualifiée d'«extérieure». Il s'agissait d'une caractérisation *métaphorique* : la prison/écriture renfermant le parloir/espace intérieur de la parole, les parenthèses enfermant le contenu de la lettre. Mais l'écriture est également extérieure sur le plan fonctionnel du récit, de sa diachronie. Ainsi, n'est-ce pas l'écriture qui fait *sortir* Meursault du cercle clos dans lequel il se trouve? De la mer/Mère, bien sûr ; mais aussi de la ville — pour se rendre à l'asile, d'abord (à l'origine : le télégramme), sur la plage du meurtre, ensuite (à l'origine : la lettre de Raymond). Et enfin, n'est-ce pas l'écriture, représentée cette fois par le patron (on y reviendra), qui invite Meursault à quitter sa ville pour diriger un bureau à Paris?

L'écriture est encore liée à l'extériorité et à la violence par le biais de l'histoire de Tchécoslovaque relatée dans la coupure du journal : extériorité dans la mesure où l'homme parti pour faire fortune ne peut plus *rentrer* chez sa mère, vingt-cinq ans plus tard ; violence parce que, s'il y entre finalement, c'est sous une fausse identité et parce qu'il ne retrouve la sienne qu'après avoir été assassiné. Enfin, la lettre de Marie relève à la fois de la violence et de l'extériorité dans la mesure où elle révèle à Meursault qu'on *interdit* (violence) à son amie de venir le voir — donc d'*entrer* — en prison.

C'est ainsi par la violence et en tant qu'extérieure (à la subjectivité) que l'écriture réalise l'événement, l'Histoire. Histoire par rapport à laquelle le sujet se trouvera en position pour le moins paradoxale.

68

paradoxe du sujet, antériorité de l'imaginaire

Engendré par l'écriture, par la violence, Meursault se trouve donc au-delà de cette porte du malheur, exilé à jamais du giron maternel. Qu'il soit né, rien n'est plus évident : les premiers interrogatoires concernent son *identité*, ainsi qu'il est indiqué dans les toutes premières lignes de la Deuxième Partie (1169). Aussi, ayant accompli sa naissance «physique», il reste à Meursault à déterminer qui il est, ce qu'il désire. La Deuxième Partie est à lire, entre autres, comme l'avènement d'une identité, d'un désir. Avortement plutôt qu'avènement, d'ailleurs : l'identité de Meursault se résoudra dans le néant de l'après-texte. C'est que, d'emblée, la position du sujet est paradoxale.

Rejetant le monde — sale, mensonger, insignifiant, violent — de l'écriture, le sujet de *L'Étranger* n'existe pourtant que grâce à lui, depuis sa naissance jusqu'à son être même. Né par l'écriture, il ne subsiste qu'à travers celle-ci. Son opposition au scriptural, que l'on voit à l'œuvre surtout durant la Deuxième Partie, comporte donc un caractère suicidaire : luttant contre le règne de l'écriture, Meursault pousse à sa propre disparition. Et le fait est que le moment du cri, de la révolte suprême contre le Père-Écriture, coïncide avec la fin du texte. La fin du sujet. Situation paradoxale, donc, impossible en un sens, qui rejoint d'ailleurs une autre contradiction : celle qui régit l'opposition écriture/vécu. L'analyse a déjà traité de ce couple conceptuel et constaté qu'il se métamorphosait au fil du texte. En effet, si c'est l'écriture qui constitue ce qui rompt le syntagme absolu du vécu, comment celui-ci peut-il se retrouver, à la fin du texte, du côté de la folie, du «saut hors du rite»? Une explication de ce renversement s'ébauche si l'on souligne qu'il ne s'agissait que d'une apparence (d'une manifestation *symptomatique*), en ce que *dans le cadre d'un texte écrit, un tel vécu ne peut être que mythique, imaginaire.*

Ce qui rejoint et recoupe cet autre paradoxe qui voit le sujet du texte réaliser sa propre naissance et, en quelque sorte, y assister. Les problématiques du «vécu» et de l'identité du sujet se superposent, jusqu'à se confondre, dans un texte. C'est que ni vécu ni identité ne sont jamais acquis tant que le récit se poursuit. Autrement dit, il faut insister sur *le caractère essentiellement antérieur de ce qui est écrit*, ou plus exactement de ce qui *est* avant que d'être écrit : de ce qui est *décrit*. Ainsi, les trois notes de l'Arabe ne *sont* que parce que les coups de feu suivent : elles ne sont qu'antérieures à l'écriture. Plus généralement, tout ce qui précède la naissance du sujet (ici : le meurtre de l'Arabe) est relégué en un statut d'antériorité absolue. Autrement dit : d'imaginaire. C'est en ce sens, bien sûr, que divers éléments de la Première Partie s'articulent en un ensemble cohérent et signifiant : le silence du sujet, la mer, l'univers du contact, mais aussi les noms propres[34], renvoient à cet imaginaire antérieur comme au *Paradis*. Et se clarifie ainsi cette structure paradoxale. Si le vécu, «syntagme absolu», s'oppose à l'écriture qui lui fait violence, le rompt, l'interrompt, c'est que ce syntagme, renfermant en lui sa propre négation (l'Infini, la non-articulation) est, à proprement parler, *inexistant* : il est mythique, ce vécu étant celui du Paradis. Le syntagme du vécu relève de l'Idée platonicienne, l'écriture n'en étant qu'une copie imparfaite.

> *ni commencement, ni fin :*
> *le «tout» n'existe pas*

Imparfaite, mais réelle. Car le vecteur, ici, s'oppose à celui de la construction de Platon. Loin de poser l'existence de l'Idée comme nécessaire et nécessairement supérieure au « réel », *L'Étranger* affirme l'impossibilité existentielle de l'Idée, du parfait, de l'Absolu. Et ce, du fait de l'écriture, précisément. L'écriture est événement : elle *fait* (l')événement, lequel fait récit. Ce récit, porté par l'écriture, est ici celui *de* l'écriture. Récit *total*, donc, même s'il se scinde en une multiplicité de syntagmes. C'est en ce sens que l'on peut dire que pour le premier roman publié de Camus, *il n'y a que de l'écrit.* Que pour être, il faut être (d)écrit.

En d'autre termes : il ne peut exister d'absolu, d'immobilisme idéel, de plénitude, parce que tout ce qui *est* est nécessairement écrit et que *l'écriture est en soi un événement qui nécessite une nouvelle scription.* C'est pourquoi, aussi, tout monde décrit a en son sein le germe de sa propre métamorphose, c'est-à-dire de sa propre destruction. Parce que, précisément, il est décrit. Ainsi, le monde paradisiaque de la Première Partie mène inéluctablement à sa propre perte, à la Deuxième Partie[35].

Cependant, ce qui est encore plus radicalement mis en question, c'est la possibilité même d'un *commencement,* commencement du récit, et d'une *origine,* origine de l'écriture. C'est en ce sens, à mon avis, qu'il faut chercher à définir la position particulière du narrateur. Position paradoxale et souvent contradictoire à première vue, comme l'ont longuement montré diverses analyses[36]. Mais justement, c'est dans l'impossibilité finale de situer le moment de l'écriture dans une temporalité adéquate à l'utilisation des divers temps grammaticaux que réside le « sens » du narrateur : *figure désignant la source, l'origine du texte, son existence est niée, effacée au profit de celle, toute contingente à présent, de l'écrit*[37]. Les quatre coups de feu, clôturant la Première Partie, détruisent donc effectivement, non pas le monde qui y était décrit, mais bien, comme le précise le texte, son « *équilibre* » (1166), c'est-à-dire la prétention qu'il avait de pouvoir continuer à exister indéfiniment. Avec les quatre coups de feu, avec l'événement, c'est le Temps qui fait irruption, relativisant l'absolu. Ce qui n'implique pas seulement un changement — donc une suite — par rapport au Paradis, mais aussi, et c'est l'essentiel, une mise en perspective de ce dernier. La Première Partie ne représente pas simplement le Paradis : elle indique l'antériorité radicale de son existence, par rapport au texte lui-même, représenté symboliquement par le télégramme qui ouvre le récit en annonçant la Mort de la Mère. La fin du Paradis. La rupture de l'équilibre du silence remet en question le début du récit *en tant que commencement.* La Première Partie n'est finalement pas première, dans le sens absolu du terme. Il n'y a pas d'origine du récit. Il y a récit, et c'est *tout* (tout ce qui est dicible est dit). Tout, en ce sens que le récit n'a pas réellement de fin, non plus. La Deuxième Partie s'interrompt mais ne se termine pas.

IV

IDENTITÉ DU SUJET : L'ENVERS DU MIROIR

SÉPARANT la Première Partie de la Deuxième, s'institue un hiatus où, l'espace (blanc) d'une page, s'ouvre une porte, la porte du malheur sollicitée par les coups de revolver. Le sujet franchit son seuil, et le voici projeté brutalement en un monde *second*, un autre espace où le Paradis de la Première Partie se pose désormais comme radicalement antérieur. Antérieur même à cette Première Partie, puisque antérieur à l'écrit. Dans ce monde soumis à la Loi du Père, à la Loi de l'Écriture, se joue, dès le début, à travers les interrogatoires, l'identité du sujet : « *Tout de suite après mon arrestation, j'ai été interrogé plusieurs fois* [...]. » (1169). Cette transition est brutale tant par ce «blanc», ce hiatus entre les deux parties du texte où se situent tous les événements possibles (aveux, enquête, délation) menant du meurtre à l'arrestation proprement dite, que dans les mots mêmes qui ouvrent le chapitre : « *Tout de suite* ». Cette brutalité renvoie évidemment à l'écriture, dont la violence marque désormais le récit de son sceau, et nous mène à un processus complexe qui se déroulera durant toute la Deuxième Partie sur un axe qui, régi par la Loi du Père, sera celui du dédoublement. Dédoublement du sujet, on le verra, mais aussi du texte, où la structure de la Deuxième Partie répond presque point pour point à celle de la Première, en une symétrie dont l'importance a déjà maintes fois été soulignée[38] sans pour autant être rigoureusement expliquée. Or, c'est à travers ce dédoublement que se créera l'identité, que se clivera le sujet.

Que ce clivage se fasse finalement en une *opposition* à la Loi du Père, à l'écriture ; qu'il s'agisse là d'une évolution, d'un procès diachronique ; que cette prise de conscience passe, ou s'exprime, par une prise de la parole — on a déjà pu le constater ici même. Ce qui doit être plus particulièrement souligné à présent, c'est que ce clivage du sujet aboutit, au terme de sa progression, au néant, à son propre effacement. Meursault, sujet de l'écriture, ne peut pas ne pas accepter la Loi de celle-ci. Ou plutôt, ne l'acceptant pas, c'est sa propre existence qu'il conteste. Ayant accédé à l'univers de l'écriture (la prison, le monde) par l'écriture (les coups de feu, le télégramme), le sujet de s'en échappera qu'en disparaissant. Ce qu'il fera, par dédoublements et identifications successifs, que couronnera un clivage, une coupure décisive. Le paradoxe fondamental, dans ce contexte, est que ce clivage — pourtant commandé par l'écriture, la Loi du Père — se fera contre celle-ci : les reflets dans lesquels Meursault repère sa « forme » constituante sont tous opposés à l'écriture.

Par ailleurs, c'est la structure même du texte qui est régie par la loi du dédoublement, du miroir. Miroir, en ce que la Deuxième Partie répond à la Première ; miroir également en ce que cette Deuxième Partie reflète le texte tout entier ; mais miroir aussi, enfin, dans la structure interne de cette Deuxième Partie. Et c'est là que se recoupent, en toute logique, texte et problématique du sujet. L'origine, la loi et la substance même de ce recoupement sont l'écriture elle-même. Dans *L'Étranger*, le règne de l'écriture *entraîne* nécessairement le phénomène du miroir et, donc, une certaine conception de l'identité. C'est ce que l'on va tenter de montrer.

Il a déjà été constaté que la Deuxième Partie est tout entière encadrée par la Loi paternelle, qui est celle de l'écriture ; au juge d'instruction du premier chapitre répond le père-aumônier dans le dernier (les deux personnages faisant pendant au directeur de l'asile). Il s'agit d'une structure iconique où se représente l'internement de la subjectivité. Ce genre de symbolisation structurelle a déjà pu être observé ici même, en ce qui concerne le deuxième chapitre de cette même Deuxième Partie : la lettre de Marie annonçant l'interdiction qui lui est faite désormais de visiter Meursault est mentionnée avant, puis après la description de sa dernière visite — inversion temporelle qui représente le cadre de la scène du parloir, telle l'écriture emprisonnant la parole. Or, ces encadrements, ces emprisonnements, ces enchâssements ne se font que par des structures en miroir : la relation juge d'instruction— Père aumônier décide du rapport réflexif entre le premier et le dernier chapitres. Seront également réflexif le rapport entre la première et la seconde mention de la lettre de Marie, et spécu-laire, enfin, la relation entre ce deuxième chapitre et la Deuxième Partie tout entière. Et est-ce un hasard si cette structure qui définit le cadre du dédoublement du sujet s'applique continuel-lement à des éléments *seconds* : chapitre II, Deuxième Partie?

On constatera que si la structure du texte est nettement ico-nique par rapport à la situation du sujet (enfermé dans la prison par l'écriture/Loi comme il l'est dans la Deuxième Partie, comme il l'est finalement dans l'écrit tout entier), ce n'est pas gratui-tement. La structure du miroir détermine l'identité même du sujet, à partir de la logique de l'écriture, du récit, et cette logique décide des moments essentiels de ce processus. Le premier se situe dans cette a-topie temporelle qu'est la rencontre avec Marie dans le parloir ; a-topique, la visite l'est parce qu'antérieure à l'écrit (la lettre), tout en y étant enfermée (mentions de la lettre la précédant et la suivant). À cette a-topie correspondra le *degré zéro de l'identité du sujet*.

la scène du parloir : degré zéro de l'identité

La première analyse de la visite de Marie n'avait pas insisté, afin d'alléger l'argument, sur un aspect essentiel de cette scène, qui est celui du dédoublement actantiel, ou plus précisément du *double* dédoublement qui se réalise à partir des voisins de Meursault et de Marie. Or, cette scène est remarquable à plus d'un titre. Commençons par le voisin de gauche (par rapport au sujet), «*un petit jeune homme aux mains fines*» (1177), et sa mère (qui se trouve donc à la droite de Marie), une «*petite vieille*», qui se regardent «*avec intensité*». À bien se souvenir du caractère substitutif de Marie par rapport à la mère du sujet, la position des quatre personnages semble bien représenter une structure réflexive. Le parallélisme des relations sujet—Marie (Mère métaphorique) et voisin de gauche—mère est d'ailleurs renforcé par le silence obstiné de ces derniers, qui contraste avec le bruit ambiant : «*Mon* [...] *voisin et sa mère se regardaient toujours.* [...] *Le seul îlot de silence était à côté de moi dans ce petit jeune homme et cette vieille qui se regardaient.*».

Cependant, cette structure réfléchissante n'est pas aussi simple qu'un miroir. C'est que *de l'autre côté*, à la droite du sujet, se situe l'antithèse, en quelque sorte, de ce couple silencieux. L'opposition se fait à partir de l'apparence extérieure, et tout particulièrement en ce qui concerne les femmes : «*Marie était entourée de Mauresques et se trouvait entre deux visiteuses : une petite vieille aux lèvres serrées, habillée de noir, et une grosse femme en cheveux qui parlait très fort avec beaucoup de gestes.*» (1176). Ce couple de droite est défini d'abord sur le plan physique : la femme est grosse, et le voisin de droite du sujet, «*son mari sans doute, [était] un grand type blond au regard franc*», alors que la vieille femme est qualifiée de «*petite*», ainsi que son fils. Mais c'est surtout sur le plan de la parole que se manifeste l'opposition. Face au silence du couple de gauche, non seulement la grosse femme et son mari parlent beaucoup, mais ils parlent fort, très fort même : «*La grosse femme hurlait vers mon voisin, son mari sans doute [...]. C'était la suite d'une conversation déjà commencée.* [§] *"Jeanne n'a pas voulu le prendre" criait-elle à tue-tête.* » Et quand Meursault parle, sa voix est couverte par celle du mari : « [...] *j'ai dit "Merci." Mais ma voix a été couverte par mon voisin qui a demandé "[si l'enfant] allait bien".* » (1176-7). Et comme pour bien souligner que la grosse femme se définit (ainsi que son mari) par une forte voix, le texte, ne la mentionnant, du reste, que dans ce contexte — « *Mais l'autre femme hurlait de son côté* » (1177) —, enlève finalement toute excuse *fonctionnelle* à ces hurlements : « [...] *la pièce était redevenue silencieuse. On est venu chercher mon voisin de droite et sa femme lui a dit sans baisser le ton comme si elle n'avait pas remarqué qu'il n'était plus nécessaire de crier : "Soigne-toi bien et fais attention.".* » (1177-8).

En donnant toute sa signification au fait que le couple de gauche est composé d'une mère et de son fils, et celui de droite d'une femme et de son mari, on peut donc déterminer la position du sujet et de Marie (Marie/Mère, mais aussi Marie/Femme : pas réellement Mère, toutefois, de même qu'elle n'est pas tout à fait la femme de Meursault) comme étant celle du degré zéro de l'identité sociale ou, ce qui revient au même, du récit. Degré zéro — ou a-topie. En effet, le couple Meursault-Marie est encadré par son origine, d'une part (la mère et le fils), et par son aboutissement « naturel » de l'autre (un couple marié avec un enfant). Ces trois couples constituent un récit, un syntagme. Et ce, également, au niveau de la parole, où Marie et le sujet ne sont pas aussi silencieux que le couple de gauche, tout en l'étant beaucoup plus que celui de droite. À ce niveau, c'est le texte de *L'Étranger* lui-même qui se trouve représenté par un diagramme où, du silence l'on passe au cri.

En passant par l'Écriture, bien sûr. Car serait-ce d'une trop grande audace que d'identifier cette syntagmatique, où la gauche et la droite sont situées par rapport au sujet, à celle de l'écriture — européenne — qui va de gauche à droite? Où le couple de droite est engagé dans « *une conversation* DÉJÀ COMMENCÉE » (1176).

77

Commencée à gauche, d'une manière ou d'une autre, bien entendu. Ainsi, à travers la problématique du sujet, se recouperaient miroir et écriture. Celle-ci, se situant entre le silence et le cri, s'identifie ici avec le sujet lui-même, en un degré zéro de l'identité. Car s'il y a miroir, celui-ci est double, et s'y reflètent d'une part l'origine, de l'autre la fin. Origine et fin irrémédiablement absentes du texte : la mère de Meursault est morte avant le début du récit et le sujet ne s'y mariera jamais. Cependant, il privilégie l'origine, ou plutôt ce qui *précède* l'écriture (au détriment du *devenir*, c'est-à-dire de sa clôture) en «observant» le jeune homme silencieux et sa mère, alors que l'autre couple n'est mentionné qu'en tant que source de «bruits». Mais cette préférence, qui va vers le silence, le non-langage, est seulement esquissée ici. Elle ne s'affirmera que dans les reflets suivants.

Ici, c'est essentiellement d'imaginaire qu'il s'agit : de chaque côté du sujet, il y a une possibilité d'identité, une relation à laquelle il peut être tenté de s'identifier, la sienne étant *intenable*, inassimilable par la Loi/Écriture/Nom du Père. C'est en ce sens qu'il faut comprendre l'opposition entre l'espoir et l'imaginaire, telle qu'elle est présentée dans l'injonction de Marie, alors que Meursault regarde le couple jeune homme—petite vieille : «[...] *je n'ai pas eu le temps de les observer plus longtemps parce que Marie m'a crié qu'il fallait espérer.*» (1177). Espérer, ce n'est pas s'investir en une image de l'antérieur, c'est regarder devant soi. C'est voir Marie. Position dangereuse, donc, que celle de Meursault, où il ne peut pas détourner son regard de ce qui lui fait face sans tomber dans le fictif, sans se dédoubler en une relation duelle qui ne lui est pas contemporaine. Et de fait, le danger se concrétise sans attendre : les visites de Marie étant désormais interdites, la question se pose de savoir ce que pourra bien regarder le sujet. On verra que ce sera son propre reflet, accompagné de sa propre voix.

Paradoxale, la situation de Meursault l'est donc à nouveau, dans ce parloir. Cependant, ce n'est plus son existence, cette

fois, qui est mise en question, mais son identité. Celle-ci se déter-
minera par rapport à l'Autre, en un clivage régi par la Loi du
Père, par l'Écriture, mais qui, paradoxe suprême et final, se re-
tournera contre ces dernières.

interdits scripturaux, Œdipe

La succession d'internements, d'interdits et de privations qui
jalonnent le texte relève de la Loi paternelle de l'Écriture. On l'a
déjà constaté pour ce qui concerne la disparition maternelle :
chaque fois que la Mère (réelle ou métaphorique) disparaissait,
c'était du fait de l'écriture (coups de feu, système judiciaire) ou
dans son contexte (télégramme, lettre). Ce qu'il faut indiquer à
présent, rapidement, c'est le caractère proprement œdipal des
interdits régissant le séjour en prison de Meursault, ainsi que le
rapport narratif précis qui relient ces interdits au phénomène du
miroir qui surgira à la fin du chapitre II de la Deuxième Partie.

Il y a d'abord Marie, dont les visites sont interdites pour la
raison officielle suivante : elle n'est pas la femme de Meursault
(1175). Or, à partir de ce qui a été montré ici même, il est
possible de comprendre cette interdiction sous un autre angle.
Marie ayant été déterminée, lors de la scène du parloir qui
précède chronologiquement cette interdiction, comme se trouvant
entre la Mère (à sa gauche) et la Femme (à sa droite), les mots
du texte *« parce qu'elle n'était pas ma femme »* pourraient bien
se traduire par « parce qu'elle était [comme, presque] ma mère ».
Ce qui s'inscrirait parfaitement dans la logique du récit, Marie y
constituant une des manifestations métaphoriques de la Mère.

Autre interdit, sur lequel le texte insiste particulièrement : la
mer. *« [...] l'envie me prenait d'être sur une plage et de descendre
vers la mer. À imaginer le bruit des premières vagues sous la
plante de mes pieds, l'entrée du corps dans l'eau et la délivrance
que j'y trouvais, je sentais tout d'un coup combien les murs de*

ma prison étaient rapprochés.» (1178). Ce qui est significatif ici, plus que la simple évocation de la mer, c'est l'absence de toute mention du soleil dans le contexte de ce qui est interdit à Meursault. Cette absence investit la mer de tout son sens maternel. Le soleil, lui, est présent durant toute la Deuxième Partie, dans le monde de l'écriture. Aussi, l'opposition mer/prison implique ici, elle aussi, l'interdit paternel[39].

Celui-ci se concrétise enfin, et s'intègre directement au plan diachronique du récit, avec les cigarettes. Leur interdiction est caractérisée par le narrateur comme étant la plus importante : «*C'est peut-être cela qui m'a le plus abattu.*» (1179), importance qui, pour être comprise, nécessite un rapide retour sur l'ensemble du texte (une analyse thématique détaillée de la symbolique des cigarettes dans *L'Étranger* serait certainement révélatrice, mais trop en dehors du cadre précis de cette étude). Où il s'avère que la cigarette, s'associant à une certaine conception de la virilité, symbolise la négation de la temporalité, c'est-à-dire la dénégation de la dimension narrative de la diégèse.

Pour ce qui concernera la virilité, on observera que les pages où il est question de Raymond, le souteneur, sont envahies par la cigarette : lors de la rédaction par Meursault de la lettre destinée à la Mauresque (1145, 1146) ; au cours de l'incident avec l'agent — celui-ci giflant le souteneur à cause de la cigarette que ce dernier ne veut pas ôter de sa bouche (1149-50) — ; sur la plage fatidique, enfin, où l'amitié virile entre Raymond, Masson et Meursault est associée au tabac — «*j'ai fumé beaucoup*» (1161) —. Par ailleurs, les Arabes avec lesquels les trois hommes se battront apparaissent d'abord «*adossés à la devanture [d'un] bureau de tabac*» (1159), indication subtile de ce qu'ils se réfèrent, au fond, à une conception identique de la virilité pour s'opposer aux activités économiques de Raymond. Enfin, la virilité du tabac se manifeste également par opposition à la féminité : «*[...] je suis resté pour expliquer aux femmes [...] Moi, cela m'ennuyait de*

80

leur expliquer. J'ai fini par me taire et j'ai fumé [...].» (1163).
Mais aussi, la cigarette se caractérise par l'*échange*. Ainsi, les
premières cigarettes apparaissant dans le texte surgissent dans le
contexte de l'absence maternelle. Il s'agit des cigarettes fumées
par Meursault dans son lit, après le départ de Marie (1137), et surtout de celles qui les précèdent, c'est-à-dire celles qui sont fumées
par lui à la suite de la mort de sa mère : la fameuse cigarette
fumée à l'asile, bien sûr, et qui «soulèvera» tellement le public
au procès (1187). Mais également celles qu'il fume au lendemain de
l'enterrement, chez lui, assis sur une chaise «*placée comme celle
du marchand de tabac*» (1138). Et surtout celle qu'il *veut* fumer :
«*J'ai voulu fumer une cigarette à la fenêtre, mais l'air avait
fraîchi* [...].» (1138-9). Cette dernière s'inscrit dans un contexte
particulièrement révélateur, en effet, puisque le narrateur y affirme
que «*J'ai pensé que* [...] *maman était maintenant enterrée* [...]
et que, somme toute, il n'y avait rien de changé.» (1140). Or,
évidemment, les choses *ont* changé — et Meursault *ne fumera pas*
cette cigarette. Autrement dit, la cigarette est investie, dans tous
les passages cités, d'une signification précisee : la négation de la
temporalité, ou la dénégation (par le personnage-narrateur) de la
dimension narrative, et donc *événementielle* (de son univers diégétique). En d'autres termes encore : ce qui est reproché au sujet,
à partir de la cigarette fumée à l'asile (par exemple), c'est de ne
pas *reconnaître* que les choses changent, avec la mort d'une mère,
de ne pas comprendre (ou de ne pas vouloir comprendre) qu'il se
trouve désormais sous la loi du Père, de l'écriture. Du récit. La
cigarette symbolise la négation du récit en tant que temporalité,
en ce qu'elle veut effacer l'absence de la Mère et la présence
corrélative du Père.

Aussi bien, le tabac est voué à être interdit par la Loi du
Père, à être exclu de la prison subjective. Son absence signifie
au sujet que le Temps passe, que les choses changent, que rien
n'est, ne sera plus comme avant. D'où l'abattement de Meur-

sault[40], d'où l'importance de cette interdiction précise. D'où également ce phénomène particulier, qui ne se produit ni par rapport à Marie, ni par rapport à la mer — la métonymisation du Désir : «*Je suçais des morceaux de bois que j'arrachais de la planche de mon lit.*» (1179).

Non moins intéressant que le rapport entre l'ordre de l'œdipe et les interdictions symboliques en prison, un rapport de causalité apparaît entre celles-ci et le processus d'identification et de clivage du sujet, face à son reflet. La structure synchronique de ce rapport se dévoile dans la scène du parloir où l'on voit le sujet entouré, menacé en quelque sorte, par le double reflet de son origine et de sa finalité théoriques. Dans son sens propre et aussi en ce qu'elle reflète la structure même du texte, cette situation représente finalement l'ensemble de la problématique subjective, comme la prison dans laquelle il se trouve symbolise l'écriture qui le produit. Mais ce rapport se manifeste également sur le plan de la diachronie, car l'ensemble des interdits mentionnés plus haut est évoqué juste avant une étape désisive dans le parcours de Meursault vers son identité : la contemplation de son propre reflet dans sa gamelle de fer. Et reliant les deux, en une articulation symbolique évidente, on trouve l'histoire du Tchécoslovaque.

Le fait divers concernant le Tchécoslovaque constitue une sorte de joint entre l'épisode de la gamelle et l'interdit paternel tel qu'il se cristallise dans l'absence de cigarettes. D'une part, l'histoire relatée dans le morceau de journal participe du phénomène du reflet : ne s'agit-il pas là d'une problématique similaire à celle de Meursault? Les deux personnages échouent dans leur tentative de réintégrer le giron maternel, ce qui provoque leur perte définitive et violente. Les oppositions essentielles, dans le système de ce fait divers, sont les mêmes que dans le récit de Meursault : mère/femme, première/deuxième identités. Mais aussi, d'autre part, le morceau de journal relatant cette histoire est trouvé par Meursault « *entre la paillasse et la planche* [*de son*] *lit* » (1180), cette même planche qui lui avait fourni, auparavant, des substituts à ses cigarettes, les morceaux de bois. Il y a un fonctionnement rhétorique certain, dans le texte, où les rapports d'ordre métonymique cigarettes/(lit)/histoire du Tchécoslovaque *préparent* la constitution d'un instant métaphorique éphémère : le phénomène du reflet dans la gamelle. Et il n'est pas indifférent que le lieu symbolique de cette transition soit celui du sujet qui vient de naître : le lit.

temporalité du miroir :
l'écriture fait(e) corps

De fait, ce n'est qu'après cette transition symbolique que se produit le véritable *événement* qui projette Meursault dans le monde de la réalité. La réalité, c'est-à-dire le Temps : « *Lorsqu'un jour, le gardien m'a dit que j'étais là depuis cinq mois, je l'ai cru, mais je ne l'ai pas compris. Pour moi, c'était sans cesse le même jour qui déferlait dans ma cellule et la même tâche que je poursuivais.* » (1181). La réalité, c'est-à-dire le clivage du sujet :

Ce jour-là, après le départ du gardien, je me suis regardé dans ma gamelle de fer. Il m'a semblé que mon image restait sérieuse alors même que j'essayais de lui sourire. Je l'ai agitée devant moi. J'ai souri et elle a gardé le même air sévère et triste. [...] Je me suis approché de la lucarne et, dans la dernière lumière, j'ai contemplé une fois de plus mon image. Elle était toujours sérieuse, et quoi d'étonnant puisque, à ce moment, je l'étais aussi?   (1181)

La réalité, enfin, c'est-à-dire le langage : « *Mais en même temps et pour la première fois depuis des mois, j'ai entendu distincte-ment le son de ma voix. Je l'ai reconnue pour celle qui résonnait déjà depuis de longs jours à mes oreilles et j'ai compris que pendant tout ce temps j'avais parlé seul.* » (1181). Il s'agit là, de toute évidence, d'un moment crucial dans l'évolution du sujet, et la conjonction de la temporalité événementielle, du spéculaire et du langage s'y inscrit fort logiquement. En effet, la parole implique nécessairement la présence d'un *autre*, d'un destinataire. Il est donc nécessaire, en ce sens, que la parole du sujet dans sa cellule s'accompagne, puisqu'il est seul, d'un simulacre de dédoublement de sa propre personne. Certes, ce dédoublement commence bien avant le passage cité. D'une certaine manière, son origine remonte au jour où Meursault écrivit la lettre de Raymond et signa à la place de celui-ci, et l'on pourrait même le faire remonter jusqu'au début du récit proprement dit, le télégramme inaugural symbolisant la dissociation entre la temporalité du personnage et celle du narrateur. Cependant, ce qui est souligné ici, c'est la prise de conscience intra-diégétique de ce dédoublement et de tout ce qu'il implique. Deux implications sont à retenir dans ce contexte. La première concerne la conscience subjective qui naît précisément avec cette reconnaissance du dédoublement. En effet, ce qui se prépare dans ce moment essentiel, c'est le caractère *positionnel* de l'objet, la coupure entre le sujet et le monde, la constitution du Je en tant que tel. Dans cette perspective, le passage du sourire au sérieux, chez Meursault, ne fait que souligner le caractère *constituant* du reflet[41]. La seconde constatation nous dit que, cette prise de conscience étant un événement *dans l'existence du sujet*, il n'est pas surprenant qu'elle s'accompagne d'une irruption du Temps dans ce qui n'était jusqu'alors que « *sans cesse le même jour* ». Autrement dit : ce qui s'était manifesté sur le plan des structures *extérieures* lors du meurtre de l'Arabe se constitue maintenant dans la conscience *subjective* du personnage : la transition d'un monde cyclique, répétitif, à celui de l'Événement, de la linéarité temporelle. Aussi bien, les deux observations se recoupent : si le Temps surgit, c'est que Meursault a pris conscience de son unité. Cette prise de

84

conscience équivaut à celle qui a pour objet le dédoublement : c'est *en ne souriant plus* que Meursault, se conformant à la forme spéculaire, réalise l'unité de sa propre subjectivité.

Cependant, cette unité n'est encore que corporelle. C'est ce qui apparaît avec la comparaison que l'on peut faire entre cette gamelle et le seul autre miroir mentionné dans *L'Étranger*, celui qui clôt le deuxième chapitre de la Première Partie, avec l'affirmation, lourde de sens, que *rien n'a changé* avec la mort de la Mère : «*J'ai fermé mes fenêtres et en revenant j'ai vu dans la glace un bout de table où ma lampe à alcool voisinait avec des morceaux de pain. J'ai pensé que c'était toujours un dimanche de tiré, que maman était maintenant enterrée, que j'allais reprendre mon travail et que, somme toute, il n'y avait rien de changé.*» (1140). L'opposition est fort nette, dès l'abord, sur le plan temporel. Si dans les deux cas l'on constate une contiguïté entre un miroir (glace ou gamelle) et une appréciation concernant le Temps, celle-ci est négative dans la Première Partie (rien n'a changé) et franchement positive dans la Deuxième (Meursault réalise que cinq mois ont passé). Or, ce qui est essentiel, c'est *ce que le miroir reflète* à chaque fois. Si l'on accepte d'interpréter[42] la lampe à alcool comme symbole de vie et le pain comme symbole (essentiellement chrétien) du corps (et loin d'être artificielle, cette symbolique frise l'archétype «naturel»), la diachronie reliant cette glace à la gamelle s'éclaire d'un jour nouveau, particulièrement en ce qui concerne l'identité du sujet. C'est qu'il s'agit de *morceaux* de pain, ce qui renvoie au morcellement du corps. Rien n'a donc encore changé, parce que l'identité du sujet en est encore au stade pré-temporel où son propre corps est saisi par lui comme morcelé (tout en étant vivant, ainsi que l'atteste la lampe à alcool). Le passage de cette phase à celle de la gamelle est donc celui d'une non-identité, d'une identité dispersée — à une identité où se repère la totalité du corps. Ce qui crée le Temps, car *un* sujet a pour corrélat *une* temporalité.

Par ailleurs, l'avènement du sujet, c'est-à-dire son clivage, s'exprime également dans l'opposition entre l'appartement qui «*était commode quand maman était là*» (1137), mais qui «*Maintenant* [...] *est trop grand pour moi*» — et la prison, trop petite : «[...] *je sentais* [...] *combien les murs de ma prison étaient rapprochés* [...].» (1178). Cette opposition, qui relève, elle aussi, d'un phénomène spéculaire (il s'agit à chaque fois du deuxième chapitre de chaque Partie), est celle qui sépare le sujet impuissant à maîtriser l'espace culturel dans lequel il se situe (l'appartement) de celui qui voit son espace vital réduit par l'intrusion d'un ordre symbolique (les murs de la prison, le règne de l'écriture). En attendant la phase suivante (car «*cela* [*ne*] *dura* [*que*] *quelques mois*»), où le sujet commence à s'intégrer à l'espace paternel : «*J'ai souvent pensé alors que si l'on m'avait fait vivre dans un tronc d'arbre sec, sans autre occupation que de regarder la fleur du ciel autour de ma tête, je m'y serais peu à peu habitué.* [...] *Or, à bien y réfléchir, je n'étais pas dans un arbre sec. Il y avait plus malheureux que moi.*» (1178).

Aussi, l'avènement du sujet, conformément à la Loi (du Père, de l'écriture), semble bien engagé. Ce qui se confirme, du reste, par l'acceptation par Meursault des diverses privations : celle qui concerne les femmes, expliquée par le gardien-chef («*Je l'ai approuvé* [...].» (1179)), les cigarettes («*je m'étais habitué à ne plus fumer*»), les moyens de tuer le temps («*J'ai fini par ne plus m'ennuyer du tout* [...]»). Toutefois, c'est précisément à la fin de ce chapitre, au moment où il se rend compte qu'il avait parlé seul durant des mois, que se manifeste l'impasse : «*Je me suis souvenu alors ce que disait l'infirmière à l'enterrement de maman. Non, il n'y avait pas d'issue et personne ne peut imaginer ce que sont les soirs dans les prisons.*» (1181). Il n'y a pas d'issue, parce que c'est en prison, lieu de l'écriture, que l'on parle tout seul sans s'en rendre compte. Parce que c'est précisément l'écriture qui suscite cette parole qu'elle réprime aussitôt.

Les exigences de l'écriture sont contradictoires et le sujet ne pourra pas s'en sortir. À moins, bien entendu, d'en sortir. Cependant, le morcellement du corps dans la Première Partie est important également sur un autre plan de signification : il recoupe le caractère abrupt de la succession des événements, d'une part, et le « style » décousu (phrases courtes, absence insistante de coordination), de l'autre. En ce sens, on peut rapprocher l'écriture de la corporalité. Par ailleurs, il n'est aucunement étonnant que cette corporalité de l'écriture transparaisse au travers du miroir, puisque tant la glace que la gamelle rejoignent, en une contiguïté métonymique, la *nourriture*. Nourriture *présente* : les morceaux de pain. Nourriture *absente* : celle que le prisonnier doit *éviter* pour que la gamelle puisse faire miroir. Et l'isomorphie est parfaite : pour que l'écriture se retrouve dans la corporalité récupérée à travers une perception unique, il faut que la nourriture disparaisse. Ainsi, l'on rejoint l'opposition écriture/nourriture évoquée au début de cette analyse, l'avènement du règne de l'écriture (la prison) impliquant la disparition de la nourriture, et celle-ci permettant le surgissement du phénomène spéculaire, le repérage du corps du sujet, de son identité, en une unité. Et que cette unité corporelle soit celle de l'écriture, c'est ce qui ressort du phénomène du reflet qui suit l'épisode de la gamelle : le journaliste.

reflet décisif : le journaliste qui n'écrit pas

Présent pendant les deux chapitres (III et IV) qui concernent l'audience et caractérisant ainsi, dans une certaine mesure, le procès tout entier, un journaliste inscrit le sujet en un nouveau rapport spéculaire :

Les journalistes tenaient déjà leur stylo à la main. Ils avaient tous le même air indifférent et un peu narquois. Pourtant, l'un d'entre eux, beaucoup plus jeune, habillé de flanelle grise avec une cravate bleue, avait laissé son stylo devant lui et me regardait. Dans son visage un peu asymétrique, je ne voyais que ses deux yeux, très clairs, qui m'examinaient attentivement, sans rien exprimer qui fût définissable. Et j'ai eu l'impression bizarre d'être regardé par moi-même.   (1184)

Un journaliste est par définition quelqu'un qui écrit. Socialement, il n'a qu'une raison d'être : transmettre par écrit une réalité, une vérité. Et pourtant, paradoxe suprême, le seul journaliste qui reflète réellement l'objet de sa description hypothétique est celui qui n'écrit pas, qui a laissé son stylo devant lui. Bien sûr, on retrouve là la qualité négative de l'écriture en ce qui concerne sa capacité de rendre l'existentiel. Mais il y a plus. N'écrivant pas, le journaliste se dresse, en quelque sorte, contre ce qui le constitue en tant que tel (et il n'est pas étonnant que cette résistance envers le Père-Écriture soit le fait d'un jeune − *« beaucoup plus jeune »* − journaliste). Cette sorte de révolte symbolise, en l'annonçant, celle du personnage qui s'y reflète − Meursault − lui aussi constitué en son essence même (sujet de texte) par l'écriture.

Qu'un journaliste représente l'ordre scriptural, cela semble assez évident. Et pourtant, le texte tient à le préciser lui-même en incluant les journalistes dans la même famille que les avocats, les juges, etc. C'est que la similarité ne s'arrête pas au simple rapport privilégié qui existe entre ces catégories sociales et l'écriture. Elle va beaucoup plus loin en ce que les journalistes, loin de se contenter de refléter la réalité, la *créent*, en fait, tout comme les avocats, les jurés, les représentants de l'ordre :

J'ai dit au gendarme : « Que de monde ! » Il m'a répondu que c'était à cause des journaux [...]. [...] Il connaissait l'un des journalistes qui [...] m'a dit : « Vous savez, nous avons monté un peu votre affaire. L'été, c'est la saison creuse pour les journaux. Et il n'y avait que votre histoire et celle du parricide qui vaillent quelque chose. »   (1183)

Les journalistes participent à ce qui fait la caractéristique fonda-mentale de l'écriture : la non-innocence. Écrivant, ils créent l'évé-nement. Corrélativement au constat d'échec de l'écriture en tant que *miroir* de la réalité se manifeste son pouvoir *créateur* à cet égard. Et c'est dans la mesure où l'écriture nie posséder ce pou-voir, c'est dans la mesure précise où elle prétend à l'innocence par rapport au monde, à l'Histoire, qu'elle est de mauvaise foi.

Aussi bien, c'est la réalité elle-même qui se trouve mise en question. Car s'il est vrai que ce sont les journalistes qui «*ont monté un peu* [*cette*] *affaire*» (1183), qu'en est-il désormais des critères du réel, de l'important et du secondaire, de l'éphémère et du constant et, à la limite : qu'en est-il de ce qui existe et de ce qui n'existe pas? Soulignons que dans *L'Étranger* cette question épistémologique fondamentale se situe dans le contexte du scrip-tural, ne surgit que par celui-ci et ne se résout qu'à partir de lui. Ce qui se traduit, sur le plan de la diégèse, par le fait que c'est un journaliste qui constitue le reflet social de Meursault. Car même un journaliste qui n'écrit pas se définit comme produit (social) et producteur (génétique) d'écriture.

C'est d'ailleurs en tant que tel que le journaliste fournit au phénomène du miroir une signification privilégiée. En effet, s'étant observé dans une gamelle, Meursault avait, certes, intégré une temporalité et s'était assuré une identité corporelle, mais il ne s'était pas encore situé sur un plan réellement *social*. Ce n'est que face à cet *alter ego* qu'est le journaliste qui n'écrit pas que Meursault accède à la sociabilité. Ce n'est qu'en se sentant reflété par un représentant du système scriptural refusant de jouer le jeu scriptural que le sujet de *L'Étranger* prend nettement position par rapport au statut social qu'on veut lui imposer. Aussi bien, l'ensemble des apparitions du jeune journaliste appelle un examen attentif.

Ce personnage est présent durant l'audience, de son début (il est mentionné trois fois dans le chapitre III) à sa fin (deux mentions à la fin du chapitre IV). Cependant, s'il est mentionné seul au début du procès et lors de sa conclusion, il est associé à un second personnage toutes les autres fois. Il s'agit de la femme-automate du restaurant. Celle-ci, qui est d'abord présentée seule, elle aussi, assise à côté de Céleste (1185) et regardant Meursault « *avec intensité* », n'apparaît ensuite qu'associée au jeune journaliste. Cette association, d'autant plus frappante que les deux personnages ne sont évidemment pas assis ensemble (le journaliste se trouvant nécessairement aux côtés de ses confrères), souligne une caractéristique commune : tous deux ne cessent de regarder le sujet, contrairement à ceux qui les entourent : « [...] *les journalistes écrivaient. Je sentais les regards du plus jeune d'entre eux et de la petite automate. La banquette de tramway était tout entière tournée vers le président.* » (1185) ; « [...] *chacun des jurés, le procureur, mon avocat et quelques journalistes s'étaient munis aussi d'éventails de paille. Le jeune journaliste et la petite femme étaient toujours là. Mais ils ne s'éventaient pas et me regardaient encore sans rien dire.* » (1186). Dans l'ensemble des activités qui constituent le jeu social se distingue ainsi une dimension ténue mais obstinée : celle du regard fixe établissant une relation duelle, un jeu de miroir grâce auquel, peu à peu, Meursault semblera intégrer enfin une identité.

Ce jeu de miroir n'est pas simple, toutefois, car le journaliste et la femme-automate n'y jouent pas un rôle identique. En fait, il s'agit d'une structure similaire à celle qui est élaborée dans la scène du parloir. En effet, de même que le sujet, face à Marie, avait été encadré par deux couples antithétiques (le jeune homme et sa mère, l'homme et sa femme) dont chacun reflétait un moment de son histoire éventuelle, il se trouve ici face à deux regards aux sources opposées : un journaliste qui n'écrit pas, et une bizarre petite femme originellement caractérisée par une activité écrivante extrême — activité soulignant dans son extrémisme les aspects les plus absurdes de l'écriture, du reste, au point où cela cesse même d'être de l'écriture, en quelque sorte (en ce sens, ce contraste est paradoxal, puisque les deux personnages s'opposent tous deux au scriptural, celui-là en n'écrivant pas, celui-ci en écrivant « automatiquement »). Et ces rapports antithétiques qu'entretiennent le journaliste et la « bizarre petite femme » se retrouvent dans leur présence au procès : le journaliste est là tout naturellement, pourrait-on dire ; c'est son métier. Or, ce métier, précisément, il le trahit en n'écrivant pas. La femme, elle, par contre, n'est pas du tout censée écrire : elle n'est pas journaliste (puisqu'elle est assise aux côtés de Céleste). Et c'est là que se produit un hiatus entre sa « nature » sociale (totalement indéfinie) et sa présence au procès : ni juré, ni témoin, ni journaliste, elle *ne devrait pas* s'y trouver.

Mais aussi, ce hiatus est totalement corrélatif de son association au journaliste : la femme-automate ne se trouve à l'audience, de toute évidence, que parce que les journalistes avaient « monté » l'affaire. Si, au restaurant, l'écriture et le journal avaient accaparé son attention (1155), ici, les journaux l'ont amenée à venir à ce procès qui, *a priori*, ne la concerne en rien. Comme le journaliste, donc, la femme-automate est un produit de l'écriture. Mais alors qu'elle joue, victime (consentante), le jeu de l'écriture, le journaliste, lui, présent de par sa nature sociale, refuse finalement d'y participer. Autrement dit, journaliste et femme-automate se rapportent l'un à l'autre comme à leur reflet inversé. Et, significativement, face à ce double regard, à cette double image spéculaire, Meursault privilégie le journaliste, celui qui dépose son stylo, tout comme il n'avait observé que le jeune homme silencieux qui se trouvait à sa gauche, au parloir, le privilégiant par rapport à l'homme marié et bavard se trouvant à sa droite (privilège qui, lui aussi, on l'a constaté, concerne l'origine de l'écriture : la gauche par rapport à la droite, le silence face à son devenir). Toute structure de reflet double semble ainsi amener le sujet à effectuer un choix significatif, qui l'éloigne à chaque fois du domaine auquel la Loi, le scriptural — le *texte* — veut l'intégrer.

Ce privilège du journaliste qui n'écrit pas se confirme par l'ordre même de ses apparitions et de celles de la femme-automate. Présentés séparément au début du procès, ils apparaissent ensemble ensuite : deux fois dans le chapitre III, une fois dans le chapitre IV. Ces trois apparitions conjointes se situent à des moments significatifs de l'évolution du procès. Les deux premières sont mentionnées dans le contexte de l'interrogatoire initial de Meursault, au premier matin du procès. La troisième ne se fera ni durant les témoignages (chap. III), ni lors des plaidoiries finales (chap. IV), mais à la fin du procès, juste avant la délibération des jurés. Cette structure des apparitions actantielles est doublement significative. D'abord, en ce qu'elle relie métonymiquement le phénomène du reflet à un problème d'identité : l'interrogatoire de Meursault, d'une part, et le verdict de l'autre. Ensuite, en ce qu'elle enclôt la totalité du procès en un déploiement qui relève de la structure en miroir, l'apparition du journaliste et de la femme-automate à la fin du procès répondant à celles du début. Ce que le texte souligne en liant métonymiquement le regard des deux personnages au « premier jour » : « *Tout était dans le même état que le premier jour. J'ai rencontré le regard du journaliste à la veste grise et de la femme-automate.* » (1198). Le regard, et particulièrement celui du reflet, implique ici, comme dans l'épisode de la gamelle, la diachronie[43]. C'est ce regard, du reste, qui rappelle à Meursault le point focal de cette diachronie, la séparation d'avec Marie : « *Cela m'a donné à penser que je n'avais pas cherché Marie du regard pendant tout le procès.* »

Cependant, le rapport regard—diachronie n'est pas simple. Ainsi, la diachronie véritable ne s'installe qu'avec le *non-regard* de l'Autre, lorsque le journaliste détourne son regard, et alors que s'annonce l'*événement*, alors que tombe la sentence de mort : « *Quand la sonnerie a retenti, que la porte du box s'est ouverte, c'est le silence de la salle qui est monté vers moi, le silence, et cette singulière sensation que j'ai eue lorsque j'ai constaté que le jeune journaliste avait détourné les yeux.* » (1199). Détournant ses yeux du sujet, le journaliste annonce à celui-ci la rupture de cette relation d'identification duelle qui s'était instaurée : la fin de la phase du miroir, l'annonce du clivage. Que ce clivage se fasse par rapport au jeune journaliste (et non par rapport à l'autre regard, celui de la femme-automate) confirme donc le caractère privilégié de ce dernier en tant que reflet, en tant que *Gestalt* du sujet. C'est donc son attitude face à l'écriture qui laisse présager de celle de Meursault : déposer son stylo.

Attitude qui s'exprime, du reste, par le geste même qui la fonde : détourner les yeux. Détournant ses yeux de Meursault, le journaliste refuse en quelque sorte de regarder ce que lui présente l'écriture, la Loi : l'exemple. N'écrivant pas, le journaliste ne veut pas non plus lire. Et Meursault suivra son reflet, en une temporalité *décalée* : ayant *vu* le journaliste détourner les yeux, il refusera à son tour de regarder, de *lire*. Et fermant ainsi les yeux sur le monde décrit, la subjectivité écrite ne pourra que sortir du texte écrit.

V

LA MODIFICATION

lire

Le moment crucial où se décide l'issue du combat que mène Meursault contre la loi de l'écriture se situe dans les dernières pages du récit, et la décision s'y fait dans le contexte de la vision. En effet, dernier représentant de l'écriture, l'aumônier lance un ultime assaut contre le sujet, lui demandant de *voir* :

J'avais les yeux fixés au sol. Il a fait un pas vers moi et s'est arrêté, comme s'il n'osait avancer. Il regardait le ciel à travers les barreaux. « Vous vous trompez, mon fils, m'a-t-il dit, on pourrait vous demander plus [*plus que de payer le crime commis*]. On vous le demandera peut-être. – Et quoi donc? – On pourrait vous demander de voir. – Voir quoi? »
Le prêtre a regardé autour de lui et il a répondu d'une voix que j'ai trouvée soudain très lasse : « Toutes ces pierres suent la douleur, je le sais. Je ne les ai jamais regardées sans angoisse. Mais, du fond du cœur, je sais que les plus misérables d'entre vous ont vu sortir de leur obscurité un visage divin. C'est ce visage qu'on vous demande de voir. »

(1207)

Ainsi, l'exigence de voir équivaut, pour la Loi, à celle de lire. S'y dessine la convergence, l'identité de deux distances : celle qui est impliquée par le regard lui-même, qui dissocie sujet et objet et découpe ce dernier dans son environnement[44], et celle qui conditionne la lecture. Qui la conditionne doublement même, puisqu'il faut tenir le texte plus ou moins éloigné des yeux pour en saisir l'articulation graphique, et que le scriptural implique également une distance, une coupure entre le sujet et le monde, faille où le signe trouve l'environnement nécessaire pour pouvoir jouer son jeu de rapports et de renvois.

Cette distance, cette faille, c'est l'opacité même du mur mise en question. Car demandant à Meursault de voir sur le mur « *un visage divin* » (1207), l'aumônier l'invite à ne pas voir le mur lui-même, à le néantiser, en quelque sorte, de même que l'on ne regarde pas la feuille sur laquelle on lit une inscription. Et ce visage divin est bien un *signe*, qui transcende, dans son intentionnalité, la réalité immédiate − le mur indiquant derrière elle une autre réalité proprement *métaphysique*. Reconnaître ce visage divin, *lire* sur le mur (mur dont la raison d'être, en prison, est précisément sa matérialité concrète, immédiate, *a priori indépassable*), c'est adhérer à la prééminence de l'écriture sur l'existence, c'est se soumettre à son règne. C'est reconnaître sa propre nature mortelle et, finalement, mineure. Corrélativement, refuser de voir cela, c'est considérer comme essentiel non pas ce qu'il y aurait éventuellement derrière le mur, ni même devant lui, mais bien le mur lui-même. Celui-ci est, comme le texte l'indique dans le passage qui suit, la métaphore verticale de la *terre*. Et effectivement, le sujet refuse de lire, ou plutôt il affirme ne pas avoir vu de visage :

Je me suis un peu animé. J'ai dit qu'il y avait des mois que je regardais ces murailles. Il n'y avait rien ni personne que je connusse mieux au monde. Peut-être, il y a bien longtemps, y avais-je cherché un visage. Mais ce visage avait la couleur du soleil et la flamme du désir : c'était celui de Marie. Je l'avais cherché en vain. Maintenant, c'était fini. Et dans tous les cas, je n'avais rien vu surgir de cette sueur de pierre.

L'aumônier m'a regardé avec une sorte de tristesse. J'étais maintenant complètement adossé à la muraille et le jour me coulait sur le front. [...] Il s'est retourné et a marché vers le mur sur lequel il a passé sa main lentement. « Aimez-vous donc cette terre à ce point ? » a-t-il murmuré. Je n'ai rien répondu. (1207)

Arrêtons-nous ici : Meursault a effectivement tenté, un moment, de lire, de voir un visage sur le mur. Qu'il l'ait tenté et que cette tentative ne s'éteigne définitivement qu'avec ces lignes, c'est ce qu'indique manifestement (au-delà du *peut-être* révélant la répugnance de Meursault à se l'avouer) la répétition, en langage indirect, de l'image utilisée auparavant par l'aumônier : la «*sueur de pierre*» (1207) où se donne à lire l'intention de lecture.

Mieux : l'objet cherché des yeux par le sujet n'est pas tellement éloigné de celui que propose l'aumônier. En effet, au «*visage divin*» (1207) de ce dernier, Meursault oppose celui de Marie, et le jeu de miroir qui se crée à partir du nom propre est évident, sans qu'il faille se référer à la fonction actantielle précise : substitut de la Mère, symbole et garant d'une certaine continuité dégradée du Paradis[45]. Marie, «*visage divin*» : est indiquée ici l'identité originelle de l'objet visé ; ce qui diffère, ce sont les modes de perception. L'aumônier y voit un signe transcendant, Meursault une matérialité concrète. Ce qui se résumera plus loin dans l'opposition *cheveu de femme/certitude* : «[...] *aucune de ses certitudes ne valait un cheveu de femme. Il n'était même pas sûr d'être en vie puisqu'il vivait comme un mort.*» (1208). Or, c'est précisément la raison de l'échec de Meursault : il n'a rien vu sur le mur parce qu'il y cherchait ce qui jamais ne pourrait s'y trouver : un «véritable» cheveu de femme. Aucun cheveu de femme ne pourrait jamais surgir de cette «*sueur de pierre*» (1207), la prison ne renfermant que de l'écriture, excluant toute réalité sensible, à l'exception du mur, bien sûr, qui reprend désormais sa fonction brute et originelle, dès lors que le sujet s'y adosse, en en détournant les yeux[46]. Dans la transition rapide de «*cette sueur de pierre*» au «*J'étais maintenant complètement adossé à la muraille* » s'annonce la fin du récit, l'échec de l'écriture (puisque le sujet lui échappe). Fin répétée et accentuée dans la remarque « *"Aimez-vous vous donc cette terre à ce point?"* » que l'aumônier énonce en passant sa main sur le *mur*. Échec indiqué, une fois de plus, dans la révolte finale du sujet, ainsi que dans la dernière page du texte, où se rejoignent non-regard et cris.

toucher

Il est significatif que l'ultime rébellion contre l'écriture, où cette dernière, sous l'aspect de l'aumônier, sera littéralement chassée du lieu du sujet, se déclenche elle aussi à partir d'une affirmation de l'écriture concernant la capacité de Meursault de *voir*. Refusant d'appeler l'aumônier *mon père* (l'insistance du prêtre à cet égard l'« énerve » d'ailleurs), Meursault se voit rétorquer qu'il a « *un cœur aveugle* » (1208) : « *Alors, je ne sais pas pourquoi, il y a quelque chose qui a crevé en moi. Je me suis mis à crier à plein gosier* [...].» Énervé par l'affirmation de la paternalité de l'écriture à son égard, c'est toutefois lorsqu'il est accusé d'avoir un « *cœur aveugle* » que le sujet sort de ses gonds. Explosion fort compréhensible : *de son point de vue* ce n'est pas qu'il soit aveugle, c'est l'objet qu'on lui indique avec tant d'insistance qui n'existe pas. Ou plutôt qui n'est pas ce que l'écriture en dit. L'aumônier n'est pas son père, mais un représentant de la Loi, et Marie un objet de désir et non pas un « *visage divin* » (1207) ; le mur n'est qu'un mur, et non pas « *une sueur de pierre* ».
Cependant, la révolte du sujet est de l'ordre de la dénégation. C'est que de même que Marie et le « *visage divin* » (1207) sont moins éloignés l'un de l'autre qu'il n'y paraît (à Meursault), l'aumônier, de toute évidence, *est* effectivement une image du Père, tout comme le sont le directeur de l'asile, le juge d'instruction et le soleil. Tout comme Meursault est un personnage de roman. À cet égard, du reste, le sujet a parfaitement raison

98

lorsqu'il dit que l'aumônier «*était avec les autres*» (1208), c'est-à-dire avec la société, la Loi, l'écriture. Mais il ignore, ou veut désespérément ignorer que ces «*autres*» représentent précisément le Père auquel il est invité à s'identifier au sortir de sa relation duelle avec la Mère. Aussi bien, refusant de reconnaître le caractère paternel de l'écriture (la nature scripturale de son propre Être), refusant d'appeler *mon Père* le représentant des Écritures, Meursault provoque sa propre fin, reniant cela même qui le constitue. Refusant de lire, c'est-à-dire d'admettre la distance insurmontable qui le sépare du monde, il mine le fondement de sa subjectivité.

Et de fait, l'aumônier parti, la distance disparaît, ainsi que l'écriture. Ce qui s'annonce, c'est la matérialité immédiate du monde : «*Lui parti, j'ai retrouvé le calme. J'étais épuisé et je me suis jeté sur ma couchette. Je crois que j'ai dormi parce que je me suis réveillé avec des étoiles sur le visage. Des bruits de campagne montaient jusqu'à moi. Des odeurs de nuit, de terre et de sel rafraîchissaient mes tempes. La merveilleuse paix de cet été endormi entrait en moi comme une marée.*» (1209). La matérialité, l'immédiateté des étoiles et des odeurs, où toute distance est abolie, où le regard n'existe pas, tout cela aboutit à une *marée*, sorte de retour en force de la présence maternelle. L'on sera donc d'autant moins surpris de constater, ensuite, que : «*Pour la première fois depuis bien longtemps, j'ai pensé à maman.*» Cependant, ce qui frappe particulièrement, dans ce passage décisif, c'est le renversement définitif de la tendance à établir une distance *à partir du sujet lui-même*. En effet, s'il s'agissait jusqu'ici, pour Meursault, de voir l'objet, de le reconnaître ; c'est désormais l'objet (les étoiles, les odeurs) qui s'impose à lui sans qu'il manifeste quelque intention que ce soit. Avec la disparition du regard, de la distance, c'est l'intentionnalité du sujet, sa subjectivité, pour tout dire, qui s'évanouit : le monde redevient celui du Paradis, espace continu, homogène, où rien ne sépare un visage des étoiles.

Cette mutation au niveau du regard recoupe celle du langage qui, désormais *exclu* du sujet — «[...] *cette grande colère m'avait purgé du mal* [...].» (1209) —, se réfugie d'abord du côté de l'objet : «*À ce moment, et à la limite de la nuit, des sirènes ont* HURLÉ. *Elles* ANNONÇAIENT *des départs pour un monde qui maintenant m'était à jamais indifférent.*», pour ensuite, rejoignant le regard dans l'impact d'un «finale» impressionnant, caractériser à jamais l'Autre social : «*Pour que tout soit consommé, pour que je me sente moins seul, il me restait à souhaiter qu'il y ait beaucoup de spectateurs le jour de mon exécution et qu'ils m'accueillent avec des cris de haine.*» (1209-10). Regard (celui des spectateurs) et langage (les cris de haine) sont désormais relégués de l'autre côté de ce faux miroir qu'est l'écriture. Mais «*purgé du mal*», de ce mal qu'est le scriptural, le sujet est également «*vidé d'espoir*» (1209), l'espoir de continuer à exister comme sujet du texte. La contradiction qui caractérise Meursault, sujet de l'écriture reniant l'écriture, n'est pas de celles qui se dénouent : elle demande à être tranchée. Refusant de s'identifier au régime paternel, le sujet ne peut se cliver conformément à l'ordre culturel. Ayant résisté à l'écriture, Meursault n'a plus qu'à disparaître de la scène de celle-ci.

HOMOLOGIQUES

I

LE SCRIPTURAL ET LA SOCIÉTÉ DU TEXTE :

L'ÉCONOMIE

L<small>A</small> thèse principale de cette étude implique l'existence d'un rapport précis entre chaque personnage et le langage (parole et/ou écriture). Plus précisément, il devrait y avoir un rapport entre le langage et l'ensemble des rapports sociaux qui se constituent et se manifestent dans la diégèse de *L'Étranger*[47]. Nous tenterons donc d'établir une logique dans les rapports de quelques personnages dits « secondaires » au langage, du moins tels que ces rapports apparaissent face au discours de Meursault. En fait, il apparaîtra rapidement que loin de constituer une sorte d'annexe à l'analyse, un tel chapitre est *essentiel* à notre propos : on y verra le langage s'affirmer comme un véritable *système économique* d'après lequel sont régis les rapports sociaux dans l'univers de *L'Étranger*. Ce qui ne devrait surprendre personne, puisque après tout, la seule production, dans un texte, est précisément celle du *sens*[48].

Ces deux entités sociales se situent d'une manière très particulière par rapport à la société du texte. Leur identité se définit négativement en ce qui concerne les vieillards, et différentiellement pour ce qui regarde les Arabes, mais ils sont tous *hors* de la société, que celle-ci soit définie comme *active* (ce qui équivaudra ici à *productive*) par rapport aux vieillards, ou comme spécifiquement *culturelle* vis-à-vis des Arabes. L'exclusion de ces groupes sociaux se manifeste essentiellement sur le plan du langage, dans la mesure où l'existence de celui-ci, dans leur cas, est nettement niée[49].

Ainsi, les Arabes, on l'a déjà constaté, sont presque constamment silencieux. Le seul moment où il est fait mention d'un discours arabe est celui où, en prison, ils accueillent Meursault (1175). Encore faut-il noter que leurs propos sont rapportés d'une manière on ne peut plus indirecte : aucun rapport avec le style indirect libre ou toute autre forme quelque peu personnalisée qui caractérise les propos des personnages dans le roman. Cependant, ce silence arabe n'est pas total, puisqu'un certain code est utilisé, au moins par l'un d'entre eux : les notes du roseau. Seulement, comme on a pu le constater, le message émis est investi par les valeurs «silence» et «nature», et présenté comme ne *disant* rien. En ce sens, loin de constituer une dérogation quelconque par rapport à la règle du silence, les trois notes *renforcent* celle-ci, puisque l'Arabe s'y présente comme ce qui *réduit* le message (la musique) au silence.

Un phénomène similaire se produit chez les vieillards. Durant toute la veillée funèbre (seul moment relativement long où ils apparaissent), ils ne prononcent pas un seul mot. Le silence semble les envelopper de part en part. Cependant, les vieillards sont mentionnés par le texte en un autre moment, fugitif celui-là, qui survient juste avant cette veillée, et où le silence des pensionnaires de l'asile reçoit une signification profonde : «*Nous avons traversé une cour où il y avait beaucoup de vieillards, bavardant par petits groupes. Ils se taisaient quand nous passions. Et derrière nous,¹ les conversations reprenaient. On aurait dit d'un jacassement assourdi de perruches.*» (1126-7). L'image des perruches est triplement caractéristique du langage des vieillards, dans ce texte. S'agissant du discours proprement dit, elle implique évidemment répétition mécanique, redites techniques où l'articulation quitte le sens pour se focaliser sur le bruit. En ce sens, le langage se désagrège et se dissout en une sonorité brute, comme celle qui surgit, du reste, dans le silence de la veillée, où certains vieillards «*suçaient l'intérieur de leurs joues et laissaient échapper [des] clappements bizarres*» (1130). Cependant, loin d'être un bruit s'apparentant à l'inanimé (inanimé pourtant présent, d'une certaine manière, dans l'automatisme du perroquet, comme il l'est dans le discours de la femme-automate), le «*jacassement assourdi de[s] perruches*» (1127) renvoie à l'animal, au *naturel*. C'est là le deuxième aspect du langage des vieillards : investi par le naturel, il devient nécessairement, sinon inexpressif, du moins non-articulé («*assourdi*»).

Enfin, la troisième couche de sens mise à jour par ces «perruches» est sans doute la plus importante. Elle découle du paradigme perruches/perroquets. Où les vieillards, situés hors de la société de production, le sont aussi, en même temps et pour les mêmes raisons, hors du domaine de la *re-production* (on m'excusera de jouer sur les mots). C'est que, s'agissant de «perruches» et non de perroquets, l'image réunit les deux connotations : le vieillard ne *dit* plus rien et ne peut (donc) plus rien *faire, (pro)créer*. Dire quelque chose (dans un texte), faire un enfant (dans la «réalité»)⁵⁰. S'indique là une conception du langage comme d'un système de production, production du sens, bien sûr. Mais la diégèse permet, suggère même de concevoir le langage dans *L'Étranger* comme le diagramme d'un système socio-économique au sein duquel les divers personnages se situeraient dans des rapports de production, dans des classes. Dans ce contexte, à revenir aux Arabes, la similarité entre leur silence et celui des vieillards appelle une même explication : situés hors de la société productrice, ils ne *font* rien[51] et *répètent* tout le temps la même chose (en l'occurrence : les trois notes du roseau).

Reste alors à prendre position sur le paradoxe évident qui consiste en ce que ces gens qui ne font rien, qui sont en dehors de la société de production, sont précisément les seuls dans tout le texte (exception faite des représentants de l'écriture, bien sûr) à porter leurs vêtements de *travail* : des «*bleus de chauffe graisseux*» (1163 ; voir également 1162, 1165) (le fait que ces vêtements soient mentionnés par trois fois est, en soi, significatif), et que ce travail soit précisément le plus *matériel*, le plus concret, sinon le plus productif de tous. De toute évidence, il s'agit là du procédé discursif classique du colonialisme et, plus généralement, de la société bourgeoise, qui consiste à neutraliser le caractère dangereux de l'exploité (dangereux en ce qu'il représente, de par sa position économique, un démenti à l'idéologie universaliste officielle) en le rejetant, en le situant hors de l'univers culturel reconnu. En ce sens, les coups de feu qui tuent l'Arabe s'inscrivent parfaitement dans un tel discours, puisqu'ils tuent l'Arabe sur deux plans : physiquement, bien sûr, mais également symboliquement, en rejetant rétroactivement son langage du côté du naturel, de l'insignifiant[52]. Dans cette perspective, l'on se souviendra de ce que la mère, elle aussi, avait été «rejetée» par le sujet hors de la société, dans l'asile (parmi ces vieillards au «jacassement de perruches»), et elle aussi pour la même raison : qu'ils n'avaient rien à se dire. L'on ne pourra donc que comprendre le jugement qui condamne implicitement Meursault autant pour «*avoir enterré sa mère*» (1191-2) que pour le meurtre de l'Arabe. C'est qu'il s'agit du *même geste*. Mais tout en le comprenant, on ne l'acceptera pas, dans la mesure où c'est précisé-

104

ment l'écriture, le système du pouvoir, qui est à l'origine de l'événement, du récit : c'est du fait de l'écriture, archéforme du langage, que se font les ségrégations, les frontières et les oppositions. Le sujet et ses actes n'en sont que la conséquence.

Mais il faut revenir à ce «*jacassement assourdi de perruches*» (1127). Au-delà de la simple naturalité, il y a là une métaphore proprement *animale* concernant la parole. À ce niveau, il semble logique de constater une isomorphie entre les vieillards et le chien de Salamano.

Salamano et son chien

Ce couple a presque toujours été lu comme un double de celui constitué par Meursault et sa mère, cette dernière correspondant au chien et le sujet au vieil homme[53]. L'on ne peut que reprendre ici cette interprétation, en économisant l'ensemble de l'argument, qui ne concerne pas directement notre propos général. Car à vouloir situer Salamano et son chien par rapport au système langagier du texte, l'on en arrive à une conclusion identique.

En effet, un rapport s'établit, de toute évidence, entre le langage «animal» des vieillards et celui du chien, constitué essentiellement par des «*gémissements*» (1143, 1147). *Langage* : c'est qu'il s'agit littéralement de «réponses» aux insultes et aux coups de Salamano : «*Il lui disait : "Salaud! Charogne!" et le chien gémissait.*» (1143). D'ailleurs, c'est Salamano lui-même qui précisera plus loin le caractère sémiotique des sons proférés par l'animal : «*"Il avait mauvais caractère, m'a dit Salamano. De temps en temps, on avait des prises de bec."*» (1156). Or, ce parallèle qui s'établit naturellement entre le «langage» du chien et celui, «animal», des vieillards, concerne directement la mère du sujet, puisqu'elle faisait partie de ces derniers, à l'asile. Se propose ainsi un rapport entre la mère de Meursault et le chien : parlant le même langage animal, ils jouent un rôle semblable dans leurs

105

rapports respectifs avec l'autre — Salamano, Meursault. Ce qui semble donc confirmer la thèse classique citée plus haut.

Cependant, une telle hypothèse doit nous mener également à voir dans le langage de Salamano les caractéristiques de celui de Meursault. Or, Salamano s'exprime (du moins par rapport à son chien) essentiellement par des coups et, surtout, par des insultes (1142, 1143, 1149, 1151). Autrement dit, sa capacité de communication est nulle. S'associant aux coups, les instultes constituent un message dont la fonction essentielle est phatique, et Salamano ne transmet aucun contenu sémantique particulier lorsqu'il parle à l'animal. C'est en ce sens que l'on peut effectivement rapporter son langage (dans ses rapports avec le chien) à celui de Meursault (dans les rapports de celui-ci avec sa mère) : il n'y a rien à (se) dire.

Ce parallélisme se confirme, du reste, en se complétant. Car il faut bien préciser que cette caractéristique du langage de Salamano ne s'institue que dans la relation duelle avec son chien. Il parlera différemment, renvoyant désormais à un contenu (son histoire, celle du chien), *après* la disparition de l'animal : «*Je lui ai demandé où était son chien. Il m'a répondu brusquement qu'il était parti. Et puis, tout d'un coup, il a parlé avec volubilité* [...].» (1151). Ce qui correspond évidemment à l'évolution de Meursault, dont le silence n'est finalement qu'*antérieur* : c'est lors de sa vie commune avec sa mère qu'il ne parlait pas, que tout ce qui existait n'était que *contact*. Sa mère morte, c'est le *texte* qui surgit, entraînant, au cours d'une diachronie dont les règles ont été définies plus haut, la *parole* du sujet. Texte : discours de Meursault narrateur ; parole : discours de Meursault personnage.

On voit ainsi le langage, dans *L'Étranger*, s'investir d'un sens nouveau, qui n'apparaissait pas à la première lecture : un système socio-économique, où les groupes qui en sont exclus voient leur moyen d'expression assimilé à une Nature, à une animalité, au silence insignifiant. Ce langage, on verra à présent l'écriture en constituer la logique première, et ce, à travers l'analyse du discours de trois personnages clés : Céleste, le concierge et Raymond. Ce discours est divers, dans la mesure où s'y affrontent l'écriture, la parole et le quasi-silence ; mais il est *un* également, parce que s'articulant autour d'un élément narratif de toute première importance dans ce texte : la *banalité*.

Céleste

Premiers de ces personnages apparaissant dans le texte, Céleste se situe d'emblée dans une opposition à l'écriture, puisque, restaurateur, il s'associe à la nourriture (voir le début de notre analyse). Cependant, il ne s'intègre pas pour autant à ce que l'on appellera le domaine de la parole. En effet, dès le début du récit, on voit Céleste entretenir des rapports problématiques avec la parole du fait que ses propos sont d'une banalité exemplaire. Cette caractéristique est soulignée par des guillemets qui, contrastant avec le style indirect libre généralement utilisé dans le texte, isolent les propos du restaurateur en une position paradoxale : ils personnalisent ce qui est on ne peut plus impersonnel, ils particularisent l'anonyme par excellence. Ainsi, lors de l'annonce de la mort de la mère de Meursault : « *Céleste m'a dit : "On n'a qu'une mère."* » (1125). Après l'enterrement, le sujet arrive chez le restaurateur, qui lui demande « *si "ça allait quand même"* » (1142). Plus loin, parlant de Salamano et de son chien, « *Céleste dit toujours que "c'est malheureux"* », le *toujours* soulignant, à travers la répétition qui s'y implique, la constance du banal dans le discours du personnage.

À travers ces trois propos du restaurateur (il n'y en a pas d'autres dans la Première Partie), il semble que l'on puisse caractériser son discours par la seule fonction *phatique* : ce qu'il dit ne sert qu'à perpétuer un contact avec son interlocuteur. Cependant, ce qui fait la particularité de ce discours, c'est la transformation de cette fonction phatique d'extérieure en *inhérente* au message. Autrement dit, si les paroles de Céleste ne sont énoncées que pour constituer, conserver le contact avec l'Autre (ici : Meursault), c'est bien ce qu'entend le restaurateur. Céleste ne parle effectivement que pour l'Autre : pour le consoler, l'aider ou compatir à sa douleur. Céleste conçoit sa parole comme *utile*, à travers son unique fonction : le contact. C'est ainsi que le restaurateur dira de Meursault, lors de son témoignage au procès, qu'il ne parlait pas « *pour ne rien dire* » (1189). Or, comme ce que Céleste sait du discours de Meursault se réduit aux banalités échangées entre eux, son témoignage s'applique donc également à son propre discours. À ses yeux, Céleste ne parle pas pour ne rien dire, lui non plus. Ainsi, la fonction phatique, découlant péjorativement, à l'origine, du caractère banal du discours, renvoie finalement à son contenu *spécifique* qui est positif : « on n'a qu'une mère - ça va? - c'est malheureux ». (voir 1125, 1142). Céleste évite ainsi le tort essentiel de l'écriture : articuler le sens, — ce qui amènerait nécessairement une distanciation par rapport au réel. Et il l'évite tout en « exprimant » une « réalité » : la solidarité avec l'Autre.

Le restaurateur s'oppose également à l'écriture lors du procès, où il témoigne pour Meursault. Son témoignage repose sur deux affirmations répétées, aussi évidentes et banales que significatives : « Meursault est un homme » et « ce qui est arrivé est un malheur » (voir 1188-9). Évidentes, banales, ces deux affirmations le sont d'autant plus qu'elles ne peuvent pas se justifier : « [...] *il a déclaré que tout le monde savait ce que ça voulait dire* [...]. [...] *tout le monde sait ce que c'est.* » (1189). Elles s'opposent pourtant d'une manière fort significative et très précisément aux propos ultérieurs du procureur, dans son réquisitoire. Celui que Céleste considère comme étant un homme, le représentant de l'écriture le traite de monstre ; là où le restaurateur parle de malheur, le procureur voit crime avec préméditation. Ce qu'il faut souligner, dans cette confrontation (comme dans la lecture des propos de Céleste au cours de la Première Partie), c'est que c'est précisément *par son langage*, qui n'est que platitudes et lieux communs, que le restaurateur s'oppose à l'écriture. Cette opposition est d'autant plus manifeste que ce personnage parle *peu* et que, finalement, il ne dit *rien*. Dans l'échelle qui va du silence paradisiaque à l'écriture, en passant par la parole, Céleste se situe, plus que tout autre[54], près du premier pôle.

le concierge

Le discours du concierge se caractérise par une fonction essentiellement référentielle, informative. Loin de rechercher le contact, comme Céleste, il renseigne, mais seulement sur ce qui n'est ni lui, ni son interlocuteur. L'information qu'il fournit est principalement technique et, en fin de compte, insignifiante. Ce paradoxe est souligné dans le texte par l'intransitivité de son parler : «*Pendant tout ce temps, le concierge a parlé* [...].» (1126), ainsi que par le verbe *bavarder* («*Ensuite, il a beaucoup bavardé.*» (1128)), qui caractérise le moment où le texte rapporte effectivement les propos du concierge. Ces propos sont impersonnels à outrance (il s'agit des rites de l'enterrement) et l'information y submerge l'aspect personnel (la biographie du concierge ou, éventuellement, la douleur de Meursault). Cependant, ce qui doit surtout attirer l'attention est le paradoxe de l'intérêt apparent du sujet pour cette information («*Je trouvais ce qu'il racontait juste et intéressant.*»), alors qu'au moment chronologique (dans la diégèse) où elle avait effectivement été donnée, le texte avait souligné son insignifiance («*Pendant tout ce temps, le concierge a parlé* [...].» (1126)). Cet intérêt, en effet, revient au sujet de Raymond : «*Je trouve que ce qu'il dit est intéressant.*» (1143), et surtout lors du réquisitoire du procureur : «*J'ai trouvé que sa façon de voir les événements*

109

ne manquait pas de clarté. » (1194). Or, si l'on ne néglige pas le fait que, d'une part, le discours de Raymond amènera Meursault à *écrire* et que, d'autre part, l'explication du procureur représente le modèle de la vision du système scriptural (découpage et organisation de la réalité selon un certain ordre logique, causal), on ne peut pas ne pas constater une similarité frappante entre la réception du discours du concierge par Meursault, et celle qu'il accorde au discours de l'écriture en général. De là à situer les propos du concierge dans le contexte de l'écriture, il n'y a qu'un pas, que l'on franchira sous certaines réserves.

N'insistons pas sur la fonction précise du gardien de ce lieu de l'écriture qu'est l'asile : il est évident que s'y articule un rapport étroit entre le personnage et la Loi. Plus instructif sera de constater que ce rapport s'exhibe aux divers détours des propos mêmes du personnage. Ceux-ci, on l'a vu, ont une fonction purement référentielle. Au point où l'attente du destinataire devient quasiment inutile, et que, suivant l'exemple des représentants attitrés de l'écriture, le concierge, n'attendant aucun appel (au contraire : *surprenant* son auditeur) invite le sujet à *voir* : « *La garde s'est levée et s'est dirigée vers la sortie. À ce moment, le concierge m'a dit : "C'est un chancre qu'elle a." Comme je ne comprenais pas, j'ai regardé l'infirmière et j'ai vu [...].* » (1127) [55]. Cette brusquerie caractéristique de l'irruption du discours du concierge revient du reste un peu plus loin : « *J'ai dit au concierge, sans me retourner vers lui : " Il y a longtemps que vous êtes là?" Immédiatement il a répondu : "Cinq ans" — comme s'il avait attendu depuis toujours ma demande.* » (1128). Brusquerie et caractère impersonnel du langage du concierge se rejoignent évidemment dans une même association au scriptural : la première rejoint la violence inhérente à l'écriture, le second s'exprime (et s'explique) par sa soumission au rite, au devoir, à la Loi. Soumission évidente, du reste, de par les termes souvent employés : *falloir, devoir.* À l'arrivée de Meursault « *le concierge m'a dit qu'il* FALLAIT *que je rencontre le directeur* » (1126) ; devant la bière, «*Il a bégayé un peu : "On l'a couverte, mais je* DOIS *dévisser la bière pour que vous puissiez la voir."* » (1127) ; enfin, le soir : «[...] *il m'a dit : "*[...] *Il* FAUT *que j'aille chercher des chaises et du café noir."* » (1129).

Parlant beaucoup, le concierge ne fait que servir, pourtant, la loi de l'écriture (du reste son témoignage sera accablant pour Meursault, lors du procès). Cette licence exceptionnelle du parler, dans le cadre de la répression générale de l'oral par l'écrit, s'explique par la position ambiguë du personnage, «*entré à l'asile comme indigent* [*mais s'étant*] *proposé pour cette place de concierge*» (1128), et disant, «*"ils"*, *"les autres"*, *et plus rarement "les vieux"*, *en parlant des pensionnaires dont certains n'étaient pas plus âgés que lui*». Pensionnaire devenu concierge, il n'est pas totalement représentatif de l'écriture. Il n'a fait qu'intérioriser la Loi de celle-ci, ce qui s'exprime par la distance verbale qui le sépare désormais des «autres». Où le verbal, une fois de plus, se caractérise comme illusoire, puisqu'en fait, le concierge n'est qu'un pensionnaire.

À travers le concierge, c'est donc la parole qui montre qu'elle intériorise les lois de l'écriture. Soumis au pouvoir de cette dernière, le vieil homme n'y participe pas vraiment (quoique ayant l'illusion de le faire) tout en n'appartenant pas (ou plus) au Paradis représenté par Céleste. Une certaine analogie peut ainsi être constatée entre le statut du concierge et celui de la femme-automate : les deux personnages sont soumis à la Loi de l'écriture et en subissent les illusions. Mais le concierge va plus loin dans cette direction et son témoignage, au procès, est une manifestation brutale de ce que J. Levaillant appelle le «micro-pouvoir» dans la diégèse. Le langage du concierge est le symbole du pouvoir des possédants infiltré, parce que *codé*, dans le peuple.

Notons, enfin, que la position intermédiaire du concierge correspond à sa fonction narrative : c'est lui qui *introduit* le sujet au monde de l'écriture (à l'asile, chez le directeur); c'est lui qui l'*initie* au rite (dans la morgue). C'est lui qui fait *sortir* la Mère (de l'asile, du monde).

Raymond

Le souteneur se situe incontestablement du côté de la parole. Ses rapports avec Meursault sont caractérisés, à l'origine, par une parole écoutée par le sujet : «[...] *il me parle souvent et quelquefois il passe un moment chez moi parce que je l'écoute.*» (1143). Cette caractéristique de Raymond est directement confirmée lors de sa première rencontre avec Meursault (dans le texte) : c'est Raymond qui raconte une histoire, qui pose les questions alors que le sujet ne répond que fort peu, ici et là, et surtout : «[...] *il ne se sentait pas capable de faire la lettre qu'il fallait et* [...] *il avait pensé à moi pour la rédiger.*» (1146).

S'opposant à l'écriture, Raymond semble donc se retrouver du même côté que Céleste. Et de fait, avant même d'étudier les similarités existant entre les discours respectifs des deux personnages, il faut remarquer une origine fonctionnelle qui leur est commune. Si Céleste tient un restaurant où Meursault déjeune régulièrement, Raymond, lui, s'introduit dans l'univers du sujet en l'invitant à manger chez lui (1143). Ce parallèle, d'autant plus frappant que la raison qui amène finalement Meursault à accepter l'invitation, comme celle qui le fait manger au restaurant, est essentiellement pratique («*J'ai pensé que cela m'éviterait de faire ma cuisine* [...].» (1143)), recoupe parfaitement la constatation qui ressort de notre analyse initiale des premières pages : situés du côté de la nourriture, les personnages s'opposent à l'écriture. Par ailleurs, il est aisé de constater que Raymond énonce des platitudes similaires à celles de Céleste. Les premières paroles prononcées par le souteneur sont identiques à celles du restaurateur et, comme elles, concernent Salamano : «*"Si c'est pas malheureux!"* ». D'autre part, de même que Céleste le dira au procès, Raymond affirme que Meursault « *est un homme* » (1144). Enfin, pour ce qui concerne la mort de la mère de Meursault, Raymond émet une série de banalités qui appartiennent sans aucun doute à la même catégorie que celles énoncées par Céleste : « le temps passe vite - il ne faut pas se laisser aller - c'est une chose qui doit arriver un jour ou l'autre » (voir 1146).

Cependant, déjà ces derniers propos montrent que si le point de départ du discours de Raymond se situe sur le plan de celui de Céleste, la finalité n'est pas réellement la même. Là où la parole banale du restaurateur implique une participation à la douleur de l'Autre, le discours du souteneur, utilisant le même procédé, cherche à *effacer* celle-ci, à s'en débarrasser, en quelque sorte. Ce qui appelle un réexamen des autres énoncés du même type, chez Raymond. Ainsi, l'adjectif *malheureux* caractérisant Salamano prend un tout autre sens dans la bouche du souteneur, suivi comme il l'est par : « *Il m'a demandé si ça ne me dégoûtait pas* [...]. » (1143). Cet additif replace *malheureux* dans un contexte essentiellement égocentrique, sinon égoïste. De même, *être un homme*, compris dans la bouche de Céleste comme une qualité (positive) indépendante du profit que ce dernier peut en tirer, devient chez Raymond une valeur marchande ayant son sens dans un circuit d'échange spécifiquement réglementé : « [...] *il m'a déclaré que, justement, il voulait me demander un conseil au sujet de cette affaire, que moi, j'étais un homme, je connaissais la vie, que je pouvais l'aider et qu'ensuite il serait mon copain.* » (1144). Ainsi, les mêmes procédés discursifs recouvrent une différence : celle qui sépare le vrai du faux. Authentiques, les propos de Céleste le sont, paradoxalement, parce que leur fonction (phatique) est précisément leur objectif sémantique. Faux, le discours de Raymond l'est parce que servant des buts extérieurs à son contenu explicite.

Du reste, Raymond est constamment caractérisé par le mensonge : il fait écrire une lettre mensongère par Meursault ; il affirme être magasinier, alors qu'il « vit des femmes ». D'une certaine manière, il ment également lorsqu'au procès il affirme que l'enchaînement des événements jusqu'au meurtre de l'Arabe est la conséquence d'une série de hasards. Certes, invoqué par Meursault, le hasard aurait effectivement pu tenir son rôle, précisément sous la forme de Raymond. Mais venant de celui-ci, l'argument ne sert qu'à rejeter une responsabilité évidente, du moins sur le plan fonctionnel.

Enfin, même l'opposition de Raymond à l'écriture n'est pas dénuée d'ambiguïté. Certes, il n'écrit pas ; mais cette non-écriture n'est pas clairement motivée. À cet égard, le texte ne précise pas trop sa pensée : « [...] *Raymond m'a dit qu'il ne se sentait pas capable de faire la lettre qu'il fallait* [...]. » (1146). L'interprétation la plus simple consisterait en ce que Raymond ne peut pas écrire la lettre *qu'il faut*, c'est-à-dire qu'il s'agit d'une incapacité essentielle, « psychologique ». Toutefois, l'on ne peut pas faire abstraction du fait que Raymond est, à ce moment, blessé *à la main droite* (1143). L'incapacité pourrait ainsi se rapporter à une contingence d'ordre physique et, donc, momentanée. En fait, il semble que les deux plans se rejoignent : en effet, plus loin, sur la plage, Raymond est à nouveau blessé, entre autres endroits, *au bras* (il n'est pas précisé lequel). Cette constance dans l'accidentel semble indiquer une symbolique corporelle, d'autant plus que celui qui le blesse, à chaque fois, est le frère de la Mauresque qui se prostitue pour lui. Dans cette perspective, les blessures de Raymond ne *causent* pas, mais *symbolisent* son incapacité d'intégrer le monde de l'écriture (dans une perspective formaliste : les blessures de Raymond sont *nécessaires* pour rendre plausible son incapacité d'écrire). Il est également intéressant, dans ce contexte, de mentionner les autres accidents physiques de Raymond, qui concernent tous deux sa bouche. Blessé au bras, il l'est également, et au même moment, à la bouche. Ce qui, significativement,

114

l'empêchera de *parler* : « [...] *chaque fois qu'il parlait, le sang de sa blessure faisait des bulles dans sa bouche.* » (1163). Et c'est également la bouche qui est visée par la gifle du policier (1149). Mentant quand il parle ainsi que lorsqu'il fait écrire, Raymond semble être visé dans son corps (lui qui vit du commerce des corps), aux organes concernés par ces mensonges.

Situés tous deux dans une opposition à l'écriture, Céleste et Raymond ne sont donc pas vraiment du même bord. C'est que chez le second, le *sens* est plus important que l'énonciation même : le langage joue chez le souteneur un rôle d'*information*, même fausse. C'est en ce sens que Meursault peut trouver «*que ce qu'il dit est intéressant*» (1143), comme il trouvait «*juste et intéressant*» (1128) ce que disait le concierge. Par contre, ce que dit Céleste n'est jamais caractérisé de cette manière. C'est que, se confinant dans l'univers du banal, le restaurateur ne *parle* pas réellement ; il se contente d'exprimer un contact, une chaleur humaine. Il échappe, du moins dans une certaine mesure, au système du langage tel que celui-ci est implicitement décrit dans *L'Étranger*. Partis d'une similarité entre Céleste et Raymond, l'on aboutit ainsi à un rapprochement entre ce dernier et le concierge : intermédiaires entre l'écriture et le silence, tous deux parlent beaucoup. N'écrivant pas, Raymond n'est pas intégré au monde de l'écriture ; parlant beaucoup, par contre (comme le concierge), utilisant ses platitudes à des fins économiques (à la différence de Céleste), il n'appartient pas au Paradis. Cette association/dissociation de Céleste et de Raymond trouve son expression à la fin du texte dans un cri de Meursault : «*Qu'importait que Raymond fût mon copain autant que Céleste qui valait mieux que lui?*» (1209). Valait mieux : parce que plus proche du Paradis.

la banalité : narration, production

Cependant, il faut noter que le rapport entre Raymond et

115

Céleste s'articule sur la diachronie, le souteneur faisant sa première apparition dans le texte en *reprenant* le terme *malheureux* énoncé, on l'a vu, un peu plus tôt par Céleste. La banalité extrême· de l'expression (dans ce contexte) sert ici d'*embrayeur* sur le plan de la narration, menant de Céleste à Raymond, du Paradis à celui qui fait écrire. Cela mérite d'être souligné, et amplifié. Car Céleste lui-même, juste avant d'énoncer ce « "*c'est malheureux*" » (1142), reprendra une autre banalité, celle-là énoncée par Emmanuel. Il s'agit, du reste, du seul syntagme énoncé par ce personnage : «*Emmanuel m'a demandé "si on y allait"* [...].» (1141), syntagme dont le nœud même — le verbe *aller* — est repris, dans un autre sens, mais au même niveau de banalité, par le restaurateur, qui «*m'a demandé si "ça allait quand même"*» (1142). L'on aurait ainsi une linéarité Emmanuel-Céleste-Raymond, linéarité narrative dont le moteur, ou le joint, serait la locution banale, relativement figée (que pour des raisons de commodité, l'on appellera ici, tout simplement, la *banalité*).

Un autre exemple d'un tel fonctionnement narratif est celui de Masson, l'ami de Raymond, qui ne paraît que dans le dernier chapitre de la Première Partie pour, ensuite, faire une brève apparition au procès. De Masson il est dit qu'il «*parlait lentement et* [...] *qu'il avait l'habitude de compléter tout ce qu'il avançait par un "et je dirai plus", même quand, au fond, il n'ajoutait rien au sens de sa phrase. À propos de Marie, il* [...] *a dit : "Elle est épatante, et je dirai plus, charmante."*» (1160). Au procès, il s'exprimera de la même manière : «*C'est à peine si, ensuite, on a écouté Masson qui a déclaré que j'étais un honnête homme "et qu'il dirait plus, j'étais un brave homme".*» (1190). La banalité qui caractérise le propos de Masson a donc la particularité d'être soulignée par son propre discours. Soulignée ou *dévoilée*. Car pour bien apprécier la conscience qu'en a Meursault, il faut rappeler un fait majeur : qu'à toutes les banalités, qu'à tous les lieux communs énoncés jusqu'à l'arrivée de Masson, le sujet ne man-

116

quait pas de répondre par l'affirmative : «*Oui*» (1134), répond-il
à l'employé des pompes funèbres («*Ça tape*»); «*elle avait
raison*», dit le narrateur après avoir entendu l'infirmière dire que,
à l'enterrement, «*"Si on va doucement, on risque une insolation.
Mais si on va trop vite, on est en transpiration et dans l'église
on attrape un chaud et froid."*» (1135) [56] ; «*Oui*» (1139), fait-il
encore, «*en secouant la tête*», en réponse au «*On les a eus!*»
du sportif revenant d'une compétition ; «*Oui*» dit-il enfin à
Céleste [57]. Ainsi, avec Masson, le sujet passe d'un acquiescement
presque toujours sans réserve à la banalité, à la constatation que
celle-ci, devenant insistante, ne dit rien, finalement. Mieux : qui
ne dirait que mensonge. Car l'on peut être tenté de voir dans ce
redoublement du propos, chez Masson, et plus particulièrement
dans la fonction métalinguistique qui s'y rapporte — «je dirai
plus» — une métaphore de l'écriture qui, redoublant la parole,
ne dirait rien de *plus*. Au contraire, qui, prétendant dire plus,
mentirait. Sur le plan de la narration, plus simple et plus sûre
sera la lecture du discours de Masson comme d'un signe de la
désagrégation du silence. Le non-sens, évité jusqu'ici dans les
diverses banalités (grâce, entre autres, à la complicité, à l'acquiescement de Meursault), est mis à jour avec Masson. Et du fait
que celui-ci prétend, justement, faire du sens (*dire*), le décalage
surgit entre le langage et le monde. «*L'équilibre du jour, le
silence exceptionnel d'une plage où j'avais été heureux*» (1166)
est indiqué comme devant bientôt être rompu. Le discours de
Masson, n'apparaissant qu'à la fin de la Première Partie, nous dit
que la main-mise totale de l'écriture sur la diégèse est proche.
   Dans l'économie du texte, la banalité est le produit-zéro.
Produit mythique, donc, car dans cette société textuelle où règne
la logique binaire (dedans/dehors, positif/négatif, productif/impro-
ductif), on n'est jamais innocent ou neutre. Énoncer des mots de
telle sorte que leur signification, du fait de leur insignifiance,
efface le fait même de l'énonciation ; parler sans ne rien dire —

c'est là le *rêve* d'une existence condamnée au sens. D'une certaine manière, le propos banal doit être compris comme un message sans destinataire (ainsi, *L'Étranger* — écrit par qui, comment, quand? — tente de se passer de narrateur; paradoxe du solipsisme déjà évoqué). Mais tout discours est entendu, et les propos de Céleste, d'Emmanuel, sont repris, assimilés, utilisés par le texte. La banalité, se transformant, crée le récit.

le patron du texte

La logique de l'écriture régit l'ensemble de *L'Étranger* en en délimitant les domaines. Ceux-ci se répartissent d'après le critère suprême de la productivité. Que celle-ci fasse loi, c'est bien ce que symbolise le personnage du récit qui, lors du procès, brille par son absence : le patron de Meursault. Son témoignage aurait, en effet, été particulièrement requis dans tout contexte de ce genre. Mais alors que tous les autres représentants de l'écriture se fondent, dans le texte, sur une conception légale, éthique, de l'existence, le patron, lui, paraît toujours dans le contexte du *travail*, de la *production* de l'écriture (puisque Meursault est employé de bureau). L'on rétorquera qu'il n'y a rien d'anormal à cela, pour un patron. Certes, mais le texte insiste sur cet aspect de manière à rendre cet acharnement au travail indécent, comme au début du récit, avec la nouvelle de la mort de la mère : «*J'ai demandé deux jours de congé à mon patron et il ne pouvait pas me les refuser avec une excuse pareille. Mais il n'avait pas l'air content.*» (1125). Indécente, ou absurde, comme au retour de l'enterrement :

En me réveillant, j'ai compris pourquoi mon patron avait l'air mécontent quand je lui ai demandé mes deux jours de congé : c'est aujourd'hui samedi. [...] Mon patron, tout naturellement, a pensé que j'aurais ainsi quatre jours de vacances avec mon dimanche et cela ne pouvait pas lui faire plaisir. Mais d'une part, ce n'est pas ma faute si on a enterré maman hier au lieu d'aujourd'hui et d'autre part, j'aurais eu mon samedi et mon dimanche de toute façon. Bien entendu, cela ne m'empêche pas de comprendre tout de même mon patron. (1136)

En ce qu'il n'est pas justifié du point de vue même de la production, ce mécontentement du patron symbolise l'arbitraire et en même temps l'absolu de cette loi de la productivité. Et c'est en tant que loi arbitraire qu'elle est rejetée par Meursault. Ainsi, le patron est également mécontent lorsque Meursault ne répond pas par une affirmative enthousiaste à l'offre d'aller à Paris. Ce mécontentement ne provient pas de ce que Meursault ne travaille pas assez bien. Au contraire, le texte souligne à plusieurs reprises que le sujet remplit correctement ses fonctions (1141, 1148). Si le patron est mécontent, c'est parce que le sujet n'a pas intériorisé la Loi absolue de la production. D'ailleurs, il ne viendra pas témoigner en faveur de Meursault : il lui aurait été demandé d'affirmer, non pas que le sujet travaillait correctement, mais qu'il s'était réellement identifié à l'éthique du travail, à la Loi de l'écriture.

*

Critère absolu de l'économie du texte, la productivité ne peut accepter sa propre négation : le silence. Aussi, l'écriture considère celui-ci comme *imaginaire* : ce sera l'univers paradisiaque. Celui-ci ne peut toutefois être *désigné* : il sera donc indiqué latéralement, signifié indirectement à travers certains personnages et leur discours spécifique : la banalité. Mais si la non-productivité n'est pas concevable, la *production du rien*, elle, l'est parfaitement. Ceux qui produisent du néant sont les vieillards et les Arabes, dont le discours est réduit à un langage naturel et insignifiant. Cependant, de cette productivité-zéro à la non-productivité tout court, il n'y a pas loin : si l'asile se situe à l'entrée du texte, la prison — cette prison où ceux qu'on enferme sont pour «*la plupart des Arabes*» (1174) — en constitue logiquement la sortie. C'est que l'écriture exige de ses sujets de la production de sens, même faux. Surtout faux. Car tout sens est faux, nous dit *L'Étranger*, parce que décalé par rapport à l'Être, à l'authenticité ontologique (le Paradis). Et tout sens n'est faux que *parce que prétendant être vrai*. Engrenage auquel *L'Étranger* tente d'échapper, précisément en le dévoilant.

Mais aucun sujet ne peut échapper au système qui sous-tend son identité et son existence, sauf à s'annihiler en un hors texte : les cris de haine hypothétiques de spectateurs lors d'une exécution future.

II

THÉORIE DE L'ÉCRITURE : *b)* LA RÉALITÉ

Avant de conclure cette étude de *L'Étranger*, il est nécessaire d'établir une logique des structures générales du récit. En effet, tout autant que les structures actantielles, spatiales, événementielles ou symboliques, c'est l'*ordre* du texte tout entier (son début, sa fin, sa division en deux Parties parallèles) qui s'éclaire, à s'articuler autour du statut de l'écriture. On l'aura peut-être déjà remarqué, ici et là, en parcourant l'analyse tentée dans ces pages. Il est toutefois utile de reprendre en un mouvement d'ensemble cet aspect particulier du jeu de l'écriture et de sa signification : une philosophie du sujet s'y exhibe, comme y est dénoncée une idéologie (totalitaire) de l'altérité. Cependant, afin d'éviter les redites, on se contentera d'examiner deux rapports, les plus importants du texte sans aucun doute : celui qui relie le début à la fin du récit et celui qui articule le texte en deux moments, l'événement et sa réécriture.

enchâssement du récit, décentrement du sujet

Il a été déjà observé qu'il existe une correspondance entre certains éléments du premier et du dernier chapitres. En fait, à relier ces éléments entre eux, on constatera un parallélisme frappant entre le début et la fin du récit.

Ainsi, dans les deux cas, le lieu relève de la Loi scripturale, laquelle se manifeste ici, sans ambiguïté, comme *rite* : la prison est soumise au rite de l'exécution, tout comme l'asile l'est à celui de l'enterrement. Autrement dit, dans ces deux endroits sont enfermés des sujets qui n'en sortiront que pour mourir (bien entendu, il s'agit là des positions *textuelles* de l'asile et de la prison ; encore qu'il soit tentant d'y voir des archétypes trans-textuels d'une certaine société). Par ailleurs, préposés au bon fonctionnement de ces deux institutions, le directeur et l'aumônier appartiennent, on l'a déjà noté, à la même famille, à la classe paternelle. Leur rôle essentiel est le même : tenter d'amener le sujet à *voir*, à établir une distance entre lui et l'objet (la Mère, le Monde), à rompre la relation duelle originelle pour instaurer le règne de l'écriture. C'est à ce titre que fonctionnent les institu-tions en question : l'une, l'asile, est associée à une « installation » qui, censée éclairer, ne fait qu'aveugler par sa lumière trop crue (voir n. 55). L'autre est définie comme une « mécanique » dans laquelle, sans succès, l'aumônier invite le sujet à lire une figure divine sur le mur de la prison. Cependant, ce parallélisme du début et de la fin du texte ne reçoit son sens profond que lors-qu'on constate qu'il y a là une condition structurelle nécessaire à l'articulation d'une *logique*. Au-delà de cet enchâssement de la diégèse du texte dans une monture symbolisant le caractère car-céral du scriptural, ce qu'il faut souligner, c'est que le sujet n'en sort pas de la même manière qu'il y est entré.

Avant tout, opposons le *silence* de la mère aux cris des spec-tateurs futurs de . l'exécution. En effet, si le texte proprement dit s'ouvre avec de l'écrit — le télégramme — c'est le silence maternel, le fait que Meursault et sa mère n'avaient plus rien à se dire (1126, 1157, 1190), qui est à l'origine du séjour de la Mère à l'asile, et de tout ce qui s'ensuit (le télégramme, justement). Insistons sur ce point, car c'est à partir de là que se crée l'ordre du texte dans la logique de sa conception du langage : du silence, on est passé à l'écriture, de celle-ci à la parole, puis au cri, les deux pôles (silence et cris) étant situés *hors* du texte. Deux points capitaux sont à soulever dans ce contexte. Le premier concerne la logique interne de cette dynamique. Où l'on voit que le silence est à l'origine du passage à l'écriture, la Mère étant placée à l'asile *parce qu*'elle n'avait plus rien à dire. En ce sens, le télégramme n'est qu'un résultat inévitable de ce qui, déjà, symbolise le règne de l'écriture : l'asile. Et où, d'autre part, c'est l'écriture qui amène nécessairement le surgissement de la parole, laquelle — dans le contexte de l'écrit, précisément — ne peut mener, comme on l'a vu tout au long de cette analyse, qu'au sursaut suprême, à la négation transcendante du langage : le cri.

Le deuxième point, conséquence directe du premier, vise ce qui se dessine dans la structure qui vient de s'ébaucher. C'est-à-dire la double affirmation concernant l'écriture : qui la conçoit d'abord comme devant *fatalement* émerger du sein du silence lui-même (celui-ci n'étant d'ailleurs qu'indiqué rétroactivement par l'écrit). Et surtout, qui voit en l'écriture non pas la représentation extérieure de la parole, mais bien la source, *l'origine* de celle-ci (tout autant que sa répression). Soulignons cette dernière caractérisation de l'écriture : elle s'oppose radicalement à la conception métaphysique classique du langage, y compris, du reste, sa relève saussurienne. Elle rejoint, d'autre part, les philosophies du sujet qui, dans la lignée de la critique kantienne, décentrent celui-ci par rapport à une origine essentiellement méconnaissable. En effet, la critique derridienne du signe recoupe ici la problématique freudienne en un système où l'origine du sujet est une *méconnaissance*. En clair : où l'écriture est, par essence, un découpage inadéquat (mais inévitable) de la « réalité ». Laquelle, antérieure à l'écriture est, bien entendu, reléguée au statut de mythe : le Paradis.

Dans ce système où le sujet est nécessairement décentré, celui-ci, Meursault, de par son opposition à ce système, s'apparente ici à la catégorie romantique. Cependant, ce romantisme a une fonction précise, heuristique : dévoiler le système refusé. C'est en se révoltant contre ce qui le constitue en son essence propre et en échouant (fatalement) dans sa révolte, que Meursault nous fait voir le mécanisme du système et sa fonction dans l'existence même du sujet.

le livre de Sisyphe

Mais *L'Étranger* ne se contente pas de ce dévoilement : il démontre le caractère spécifiquement idéologique du mécanisme. Et ce, à travers une structure formelle, toujours : le parallélisme des deux Parties. Ce parallélisme indique un système de *répétition*, de redoublement.

Toute la Deuxième Partie, et plus particulièrement le procès, qui en constitue le noyau, consiste en une réécriture de la Première. Tout cela est assez évident et ne mériterait pas que l'on s'y arrête, s'il ne s'y constituait une dénonciation radicale du caractère prétendu « naturel » de la société, précisément par le biais de la mise en question de l'écriture. En effet, qu'est-ce qui est jugé lors du procès? Ce sont les coups de feu causant le meurtre de l'Arabe, et plus particulièrement les quatre coups de feu *qui ne le tuent pas*. Autrement dit : ce que l'analyse a démontré comme représentant l'écriture. Mais n'y aurait-il pas paradoxe, dès lors que le système de l'écriture juge et condamne l'écriture? La réponse est aisée : précisément, les quatre coups de feu ne sont absolument pas considérés par l'instance judiciaire comme étant de l'écriture, ni même comme un système signifiant, quel qu'il soit. En effet, le réquisitoire du procureur, qui constitue incontestablement le modèle du discours scripturalo-judiciaire, considère les quatre coups de revolver sous un angle totalement pragmatique et utilitaire. C'est ce qu'expriment ses propos rapportés par le narrateur : « *J'avais abattu l'Arabe comme je le projetais. J'avais attendu. Et "pour être sûr que la besogne était bien faite"*, *j'avais tiré encore quatre balles, posément, à coup sûr, d'une façon réfléchie en quelque sorte.* » (1194). Ce discours, symbole de la logique cartésienne, du découpage du « vécu » suivi d'une reconstitution en un ordre causal, modèle d'une « évidence » fondatrice qui fait que Meursault lui-même trouve que *« Ce qu'il disait était plausible. »* — ce discours ramène donc les *« quatre coups brefs [frappés] sur la porte du malheur »* .(1166) à un niveau purement fonctionnel où, du reste, le chiffre *quatre* n'a plus de signification particulière.

Or, cette « désémiotisation » des coups de feu par le discours judiciaire s'accompagne d'une « déshumanisation » du sujet par ce même réquisitoire. En effet, si au début de celui-ci le procureur parle encore d'une « âme », mentionnant *« l'éclairage sombre que [lui] fournira la psychologie de cette âme criminelle »* (1193), son propos se renverse immédiatement après son analyse des « faits » (où, significativement, Meursault est qualifié d'*« intelligent »* (1194)), lorsqu'il affirme que d'âme, justement, le sujet n'en a pas (1195). Et la direction prise ici ne se modifiera plus. L'élément « naturel » de l'homme étant absent chez Meursault, il ne reste qu'à établir la « naturalité » de cette absence : « *"Sans doute, ajoutait-il, nous ne saurions le lui reprocher* [de n'avoir pas de morale]. *Ce qu'il ne saurait acquérir, nous ne pouvons nous plaindre qu'il en manque."* » (1195), pour pouvoir, finalement, *nommer* cette horreur absurde qu'est l'homme inhumain : « [...] *l'horreur que je ressens devant un visage d'homme où je ne lis rien que de monstrueux »* (1196) — il s'agit là des derniers mots du réquisitoire. Le voilà donc défini : un monstre. C'est-à-dire qui n'entre dans aucune des catégories découpant l'univers. Notamment : le naturel, le culturel, l'humain et l'inhumain. Ainsi, le discours judiciaire de l'écriture réduit-il son objet occurrentiel au statut d'objet-type : les quatre coups de feu sont absolument *naturels*, puisque tirés par un monstre comme Meursault. Ils ne *signifient* donc rien de particulier, si ce n'est qu'ils renvoient indiciellement (comme la fumée

125

indique le feu) à la nature de leur auteur. La boucle est bouclée, la démonstration est faite, l'écriture a réussi son tour de passe-passe. En ce sens, on peut déjà affirmer que la structure parallèle des deux Parties a une fonction bien précise, qui est de démontrer la falsification inhérente à l'écriture par rapport à la réalité et d'indiquer la forme d'une telle falsification : naturalisation du culturel, réification de la conscience. Mais il y a plus.

En effet, il ne faut pas oublier que le caractère particulier de ces quatre coups de feu n'a pu se constituer que dans le contexte des trois notes du roseau de l'Arabe, et *par rapport* à celles-ci. Sans revenir sur l'analyse, il faut en souligner certains aspects. Ainsi, les trois notes sont, elles aussi, *a priori*, un message relevant d'un système sémiotique. En ce sens, elles sont donc, toujours en principe, *culturelles* et *signifiantes*. Si elles apparaissent comme étant, au contraire, naturelles et a-signifiantes, c'est que, face à elles, se posent les coups de feu. Ce sont les oppositions *quatre/ trois* (Histoire/cyclicité) et revolver/roseau (culturel/naturel) qui, rejetant les notes dans le silence et associant les coups de feu au sens, donnent à chacun des ensembles sonores leurs valeurs respectives, et non l'inverse. Autrement dit, et dans la mesure où les coups de feu sont associés au scriptural, on peut considérer que les notes du roseau ne sont ce qu'elles paraissent être (silence) que parce que prises dans le collimateur de l'écriture. Rapport similaire à celui qui voit les quatre coups de feu perçus d'une manière particulière par le procureur. On peut schématiser l'identité de ces rapports ainsi :

$$\frac{\text{A (quatre coups de feu)}}{\text{C (trois notes)}} = \frac{\text{B (discours du procureur)}}{\text{D (quatre coups de feu)}}$$

Que ces rapports soient identiques[58], c'est ce que soulignent non seulement la position respective des quatre termes (A signifiant C, B signifiant D), mais également les caractéristiques concrètes des processus : naturalisation de ce qui est, *a priori*, culturel (désémiotisation du langage), déshumanisation de ce qui est, *a priori*, humain : transformation de Meursault en monstre aux yeux du discours judiciaire, perception (plus subtile) de l'Arabe par Meursault comme fondamentalement *différent*[59].

Le parallélisme des deux Parties reçoit donc un sens plus profond encore que ce qui apparaissait à prime abord. Plus profond, en ce que situé sur le plan idéologique, sinon politique. En effet, le rapport B/D étant manifestement faux (le procureur interprétant l'acte de Meursault d'une manière absolument étrangère aux motivations évidentes du sujet), il en découle que le premier, A/C, l'est également. La vision de l'Arabe par le sujet occidental est donc radicalement mise en cause. Radicalement : car ce n'est pas seulement une certaine conception de l'altérité ethnique qui est posée ici comme fausse (l'Arabe comme sauvage, primitif, etc.), mais finalement l'impossibilité de *toute* compréhension adéquate de l'Autre par le sujet. Cette impossibilité relève de l'écriture, bien sûr, cette dernière découpant le réel et l'articulant en un ordre qui, finalement, le déforme. Toutefois — et c'est ici que l'on rejoint la première partie de ce chapitre, concernant la conception de l'écriture comme *origine* — ce qui se dit ici, en même temps que cette impossibilité, c'est sa *fatalité*. En d'autres termes : si toute perception de l'Autre est fausse, cela ne veut pas dire que cette perception est *accidentelle*, qu'elle pourrait ne pas exister, mais bien que *ce qui existe est, en un sens, nécessairement inexact*.

Cependant, ce pessimisme ontologique possède sa dynamique interne, où l'écriture (principe du faux) appelle sa propre remise en cause. Les quatre coups de feu, « (ré)écriture » des trois notes, sont à leur tour repris et transformés par le réquisitoire du procureur. Mais celui-ci dévoile ses propres contradictions internes à travers sa rhétorique : Meursault possède une *« âme criminelle »* (1193), puis n'en possède plus du tout ; c'est un homme intelligent, puis ce n'est plus un homme du tout, mais un monstre ; on ne peut pas lui reprocher de ne pas avoir de principes moraux (puisque c'est sa «nature» même), mais il n'en faut pas moins le condamner à mort pour cela. Ces contradictions appellent un discours nouveau qui reprendrait, re-situerait celui du procureur (et qu'est-ce que *L'Étranger* sinon ce discours, justement?), et ainsi de suite[60]. Cette production en série est nécessairement infinie, du fait de l'inadéquation inhérente au système qui la fonde : l'écriture, source, origine et structure même du langage.

Depuis toujours, c'est-à-dire depuis l'article de Sartre consacré à *L'Étranger*, on a fait un rapprochement entre ce roman et *Le Mythe de Sisyphe*, tous deux publiés en 1942. N'y a-t-il pas, dans cette structure duelle et infinie de la réécriture d'une écriture, et surtout dans le moteur qui l'anime (le «ratage» inhérent de l'écriture par rapport à la «réalité»), le principe même de l'ascension sans fin vers une vérité inaccessible? Le mythe de Sisyphe ne serait-il pas l'histoire d'un autre mythe : celui du Livre?

1942

Où l'on revient au greffier. Au greffier, c'est-à-dire à celui qui, au milieu du texte, représente une sorte de double du sujet-narrateur, écrivant comme celui-ci une histoire de *L'Étranger*. Mais revenir au greffier, c'est également revenir à celui qui, comme Sisyphe, *revient en arrière*, précisément : «[...] *le greffier, qui jusqu'ici tapait régulièrement sur sa machine, a dû se tromper de touches, car il s'est embarrassé et a été obligé de revenir en arrière.*» (1172). Le retour du chariot de la machine à écrire s'inscrit en un effort continu et toujours recommencé d'achèvement où la production scripturale vise la clôture textuelle, de même que la chute répétée du rocher n'est qu'un moment constitutif de l'effort ascensionnel de Sisyphe visant l'équilibre du sommet.

Insistons sur le recoupement de ces termes : achèvement, clôture, équilibre. Y émerge le concept d'une totalité, d'un *tout* dont le retour répété du chariot, comme la chute renouvelée du rocher, indique le caractère inaccessible. Inaccessible, du moins, sur le plan où s'effectue la quête : la *linéarité*. En effet, le retour en arrière du greffier ne fait qu'exhiber la nature toute linéaire de son parcours, de même que Sisyphe redescendant chercher son rocher nous trace, se déroulant sous ses pas, la ligne qui, seule, est censée le mener au sommet. Nul cycle, ici, bien qu'il y ait répétition : le retour du chariot ou du rocher ne s'effectue pas circulairement mais sur un plan à jamais identique dont la linéarité est *a priori* infinie, du moins sur le plan temporel. Et c'est précisément cette linéarité, où pas et caractères typographiques se succèdent en une durée discontinue, qui s'oppose à l'appréhension immédiate d'une totalité instantanée. Dans *L'Étranger*, s'exhibant de dessous le chariot qui recule, la linéarité est celle de l'écriture *à venir*, celle de la Deuxième Partie, où se réécrit la Première, où Meursault passe du mutisme au désir de parler. Où, enfin, ce désir étant étouffé par le système, jaillira le cri final. Face à la patience du prêtre, face à la constance du greffier, face à l'inachèvement intrinsèque de la production scripturale, face à l'impossibilité structurelle de clore le récit lui-même (car comment raconte-t-on sa propre mort ?), le cri de Meursault s'inscrit lui aussi dans une perspective de totalité ; c'est qu'il s'agit précisément de cette totalité qui échappe à l'écriture linéaire. Hurlant dans sa cellule, face au représentant des Écritures, Meursault affirme, bien entendu, l'échec de l'écriture, de sa propre écriture, du reste, puisqu'il est le narrateur du récit qui s'achève. Mais, substituant au scriptural ce qui en est essentiellement absent — le son, le *phonè* immédiatement présent à soi —, le sujet de *L'Étranger* prétend en même temps réussir là où le graphe a échoué, c'est-à-dire à rendre dans sa totalité une certaine expérience, une proposition, un *récit*. Face au système scripturo-judiciaire qui ne peut que *tout écrire*, Meursault, en un après-texte hypothétique, veut *crier le tout*.

On aura reconnu là des variantes plus ou moins heureuses de la distinction lumineuse posée par Sartre dans son monumental ouvrage sur Flaubert[61], entre le désir de « dire le tout » propre à la génération romantique de la première moitié du XIXᵉ siècle et le « tout dire » du XVIIIᵉ siècle des Philosophes. « Tout dire », écrit Sartre, « *exigence de l'autonomie littéraire, au siècle de Voltaire, c'est [...] tout examiner, tout jauger, tout mettre à l'épreuve : rien ne sera négligeable et, s'il est bon, parfois, de survoler les ensembles, on devra, bien souvent, en examiner les composantes à la loupe. Dire le tout, c'est l'exigence du maître. Un regard synthétique parcourt le monde, le résume, le totalise,*

attentif à en saisir les grandes structures et à marquer leur sens,
c'est-à-dire, leurs liens internes entre elles et avec le tout. Pour
ces opérations, la recherche du détail est inutile ; mieux : elle
détruirait tout. » (p. 117 [61]). Désirant dire le tout, le romantique
se condamne en quelque sorte à l'échec, parce qu'il existe dans
une société où, Dieu ayant été remplacé par la Valeur, l'Absolu
par l'Échange, le tout n'est plus dicible. Autrement dit, prétendre
dire le tout, à partir de l'aube de la Révolution industrielle, c'est
nier la réalité historique : une société caractérisée en son essence
par la division, par la différence.

Et effectivement, le romantique refuse de reconnaître le caractère essentiellement *discontinu* de la réalité bourgeoise, à tous les
niveaux. Sur le plan de la diachronie, l'Histoire, acceptée parce
que justifiant le changement par rapport au passé, est en même
temps méconnue, puisque ce changement veut, doit être le dernier [62]. Sur le plan de la synchronie, le romantique ne veut pas
reconnaître la scission de l'Homme en classes différentes et opposées, dans le cadre des rapports de production, production de la
marchandise, production du sens (la conscience et le refus de
cette division se manifestent, par exemple, dans les diverses idéologies du Moi, au XIXe siècle). Le romantisme est donc aveugle,
mais d'une cécité bien focalisée : ce qu'il ne veut pas voir, ce
n'est pas telle ou telle composante de la réalité mais le fait
même que celle-ci s'articule différentiellement à travers ses diverses
composantes. Et s'il est aveugle, même relativement, il est tout
sauf muet : le romantique n'existe qu'à travers l'expression insistante de ce qu'il ne voit pas. À ce titre, on peut affirmer que le
romantisme constitue une attitude *fondamentale* de la modernité,
en ce qu'elle sous-tend toutes les expressions possibles dans la
société bourgeoise moderne : celles qui refusent de constater
l'existence de la réalité perçue, celles qui ne la constatent que
partiellement, choisissant l'une de ses composantes, celles qui ne
veulent rien constater du tout, etc.. On aura reconnu là l'ébauche

d'une énumération de toutes ces écritures dont Roland Barthes faisait état dans *Le Degré zéro de l'écriture* et qui s'installent à partir de 1850 environ, lorsque la conjonction des révolutions industrielle, démographique et politique, en France, fait que l'écrivain bourgeois, désormais «*déchiré entre sa condition sociale et sa vocation intellectuelle* [...] *devient la proie d'une ambiguïté, puisque sa conscience ne recouvre plus exactement sa condition*» et que «*naît un tragique de la littérature*» (p. 53[63]). Ce que Barthes ne souligne pas assez, c'est que si «*ce que la modernité donne à lire dans la pluralité de ses écritures, c'est l'impasse de sa propre Histoire*» (p. 54[63]), cette impasse, c'est le romantisme qui en est la manifestation première et suprême, dans la mesure où ce que veut le romantique, c'est dire le tout dans une société où le tout (antithèse, ici, de la «pluralité») est précisément ce qui n'est pas dicible.

Ainsi, c'est la similarité se manifestant entre cette problématique de l'expression et celle de *L'Étranger* qui suggère dès l'abord la caractérisation de Meursault comme romantique[64]. Car qu'indique le texte de Camus sinon, avant tout, un décalage profond entre la totalité perçue par le sujet (la Première Partie) et la décomposition de cette «réalité», de ce vécu, par l'analyse à laquelle procède le système scripturo-judiciaire? La narration souligne l'absurdité qu'il y a à chercher une signification dans des détails qui n'en ont guère, étant donné leur contingence profonde : une tasse de café au lait, une cigarette, une baignade. Face au *tout dire* du procureur et du système se pose l'exigence de Meursault : *dire le tout*. Mais précisément, l'analyse montre également que Meursault est condamné à l'échec, comme le romantique, parce qu'il ne veut pas reconnaître le caractère différentiel de sa réalité sociale, ici : sa nature scripturale. Le café au lait, la baignade, n'existant que parce que (d)écrits, ne sont pas réellement contingents. Cette nature scripturale, Meursault ne veut pas la reconnaître bien qu'il en ait conscience (puisque c'est lui le narrateur-scripteur du récit, y compris sa Première Partie), *parce qu'*il en a conscience, de même que le romantique nie l'éclatement de l'Homme en classes *dans la mesure même* où il perçoit cet éclatement. C'est que si reconnaître la non-unicité de l'Homme, pour le romantique, c'est admettre sa propre impuissance, le caractère narcissique de son langage, la non-universalité de ses valeurs — pour le sujet-narrateur de *L'Étranger*, admettre l'articulation scripturale de son univers équivaut à reconnaître sa propre nature textuelle. Le cri final de Meursault, ouvrant l'après-texte, se situant en quelque sorte *dans* l'après-texte, exprime la dénégation du sujet quant à sa fonction de narrateur-scripteur, de même que le suicide romantique se pose dans le contexte d'une dénégation quant à la réalité bourgeoise (c'est encore Sartre qui souligne pertinemment le fait que s'«il en est qui se tuent» en 1830, ce ne sont pas les aristocrates mais bien ceux dont le romantisme nie la classe sociale, les bourgeois). Comme le note fort justement René Girard[30], la contradiction inhérente à la position de Meursault est celle du solipsisme romantique.

Cependant, le rapport de *L'Étranger* au romantisme ne se limite pas à une simple similarité. Dans le cadre restreint d'une telle analogie (que l'on pourrait appeler *symptomatique*, suivant en cela l'articulation de l'analyse textuelle qui précède), la question se poserait, du reste, qui concernerait la fonction privilégiée du scriptural dans la problématique de l'expression propre à Meursault. En effet, le véritable problème de *L'Étranger* n'est pas celui de toute communication possible, *a priori*, mais plus spécifiquement celui de l'écriture : Meursault en arrivera à vouloir parler, mais il ne changera jamais d'attitude envers le scriptural. N'y a-t-il pas là une sorte de restriction (ou de débordement) par rapport au solipsisme romantique? L'insistance du texte de Camus sur le problème de l'écriture n'est-elle pas étrangère à la problématique romantique? La réponse à cette question ne peut se faire dans le cadre d'une similarité d'ordre symptomatique. S'impose une mise en rapport d'ordre *structurel*. Et l'on y verra que la formule de Sartre doit sans doute être modifiée. À bien y réfléchir, le romantisme est, au fond, un désir d'*écrire* le tout.

*

En effet, si l'on veut bien ne pas oublier, d'une part, la dimension, inhérente au romantisme, de l'*échec* et, d'autre part, les enseignements de la réflexion de Jacques Derrida, un raisonnement élémentaire suffira pour indiquer que l'impossibilité de l'expression du tout passe nécessairement par la dimension linéaire de l'écriture. C'est que la notion même du « tout » engendre une suite d'implications menant à la contradiction, à l'échec, sur le plan de l'expression. Il y a d'abord la *présence* immédiate et intuitive de l'Être, présence directement corrélative du concept d'une totalité. L'affirmation d'une telle présence est constitutive de la philosophie métaphysique occidentale et s'inscrit également dans la conception classique du langage, où le signe linguistique est perçu comme étant essentiellement *phonique*. En effet, dans la perspective épistémologique où prévaut la connaissance intuitive du monde, c'est la phonicité du signe qui, à travers le souffle de la parole où nul signifiant ne semble faire rupture, garantit la présence immédiate de l'Être et, donc, la possibilité d'une perception d'un « tout ». À ce point, la proposition sartrienne ne semble devoir appeler aucune modification : pour exprimer une totalité, il faut l'exprimer oralement. Il s'agit bien de *dire le tout*.

Cependant, dans le cadre de cette même métaphysique de la présence, le Temps est conçu comme étant spatialement représentable par une *ligne*, en ce qu'il est constitué par une succession de présences[65]. Or, la phonicité s'inscrivant dans une temporalité, le signe est donc également perçu comme linéaire par la philosophie classique du langage. On voit ainsi surgir ici la contradiction interne du romantisme, dans la mesure où une telle linéa-

134

rité s'oppose par définition à l'expression d'un « tout » *a priori instantané*. Désirant exprimer la présence totale de l'Être, le romantique se heurte à sa propre conception phonocentriste du langage qui découle de ce même concept de « présence » et de « totalité ». Et ce qu'il faut souligner dans ce contexte, c'est que cette contradiction interne du romantisme (en d'autres termes : son solipsisme) se déploie avant tout sur le plan de l'écriture, car c'est celle-ci qui, se déroulant dans l'espace, représente la linéarité de la manière la plus absolue[66]. Dans la mesure où le désir du romantique est corrélatif de son échec, il faut donc le caractériser comme étant d'*écrire le tout*, et non pas simplement de le *dire*.

Dans une telle perspective, *L'Étranger*, loin de « dévier » de quelque manière que ce soit par rapport à un hypothétique modèle romantique, en constitue une manifestation exemplaire. L'analyse a montré en détail comment l'ensemble de la diégèse du roman est régie par la problématique de l'écriture ; comment s'y effectue une *linéarisation* de l'expérience, un dédoublement scriptural *a priori* infini provoqué par le « ratage » inhérent à la représentation textuelle du « vécu » (autre détermination du « tout ») ; comment cette linéarisation et ce dédoublement sont brutalement interrompus par le cri de Meursault qui, comme les cris des futurs spectateurs de l'exécution, mais d'une autre manière qu'eux, se situe en dehors du texte, au-delà de l'écriture.

Meursault le personnage veut crier le tout ; Meursault le narrateur tente de le raconter. Tous deux échouent, mais leur échec est inhérent à leur projet, dans la mesure où narration et subjectivité ne sont ici que fonctions d'une production scripturale. Ce qui fait le romantisme de *L'Étranger*, c'est précisément la méconnaissance apparente de ce fait, la double dénégation du sujet quant à sa nature textuelle et du narrateur quant au caractère scriptural de son récit. Et ce qui rend *L'Étranger* structurellement exemplaire pour le romantisme, c'est que s'il n'y avait cette méconnaissance du rôle fondateur de l'écriture, il n'y aurait pas de texte du tout : Meursault ne serait pas employé de bureau, Camus n'écrirait pas son roman.

*

Où l'on en arrive au troisième et dernier volet de cette inscription de *L'Étranger*, tel qu'il vient d'être lu, dans une visée romantique. Où, après l'analogie symptomatique et le rapport structurel, émergera une *homologie*. Celle-ci concerne la situation historique et inter-textuelle d'un des romans les plus populaires de la seconde moitié du xxe siècle. Bien entendu, étant donné le projet précis de cette étude, il n'est pas question d'entrer dans une analyse de fond concernant l'histoire littéraire de *L'Étranger*. Ce qui se proposera ici, en guise de conclusion d'une analyse proprement textuelle, consiste en une ouverture sur la situation idéologique d'une certaine littérature au moment où s'écrit le premier roman publié de Camus.

Cette situation, du moins en ce qui concerne l'Europe (et particulièrement la France) peut sans doute être caractérisée par l'émergence de deux nouvelles *limites*, deux nouvelles frontières inter-textuelles. Derrière l'une se profile un autre continent, la littérature américaine et plus particulièrement le roman américain d'entre les deux guerres, dont l'impact en Europe va grandissant, pour des raisons économiques, sociales et politiques évidentes. Derrière l'autre s'affirme un nouvel univers, celui du cinéma. Ces deux nouvelles régions de l'expression occidentale moderne sont incontestablement voisines et parentes, ce qui renforce considérablement leur influence. Mais l'essentiel, en ce qui nous concerne, c'est que leur présence même détermine une nouvelle répartition de zones, une nouvelle distribution de rôles dans la littérature occidentale. Les choses ne peuvent plus être dites comme avant et, s'agissant de *dire le tout*, l'écrivain bourgeois n'a plus beaucoup d'alternatives. À vrai dire, il semble qu'il n'en a plus du tout. Aussi, annonçant le Nouveau Roman et son virage apparent vers le *tout dire*, le récit de Meursault doit peut-être son immense succès à la réussite de sa tentative de dire (une dernière fois?) la même chose qu'un certain cinéma, qu'une certaine littérature américaine. De le dire, mais d'une manière différente.

Le style de *L'Étranger* a souvent été rattaché à ce que l'on appelle la «*technique du roman américain*»[67]. Camus lui-même avait admis une telle référence, la justifiant dans une interview de 1945 en disant : «[...] *elle convenait à mon propos qui était de décrire un homme sans conscience apparente*»[68]. Cependant, la «technique» américaine impliquant une grande part de dialogues, ce qui va à l'encontre du projet évident de ce roman[69], se pose donc la question de ce qu'entend l'intuition par cette catégorie. La qualification la plus adéquate, dans la perspective qui nous concerne ici, semble être celle de «*récit à focalisation externe*», pour reprendre les termes de Gérard Genette, qui précise que ce genre de récit fut «*popularisé entre les deux guerres par les romans de Dashiell Hammett, où le héros agit devant nous sans que nous soyons admis à connaître ses pensées ou sentiments, et par certaines nouvelles d'Hemingway*» (p. 207[11])[70]. La référence à Hammett est importante et il est significatif qu'elle apparaisse accompagnée d'un terme, *focalisation*, dont les connotations techniques renvoient incontestablement à un phénomène présent, du reste, dans *L'Étranger* : le cinéma[71].

Il n'est pas nécessaire d'entrer dans les détails des rapports complexes existant entre le cinéma et la fameuse «technique américaine» pour pouvoir affirmer que l'écriture d'écrivains comme Hammett et Hemingway se situe dans le contexte de la crise du cinéma muet. En effet, à bien observer l'essor de cette littérature si particulière (et surtout celle, extraordinairement riche, de la revue *Black Mask*, à laquelle avaient participé Hammett, Chandler, McCoy, etc.), on constate qu'il est lié à la période où le cinéma passe du muet au parlant, aux alentours de 1930. Or, la focalisation du récit est particulièrement « externe » dans un film *muet* : où le héros ne peut signifier sa densité qu'« extérieurement », le dialogue proprement dit (la *voix* qui, dans ce système hypothétique intériorité/extériorité, s'associe au premier terme) faisant défaut ; où la retransmission *écrite* du dialogue se présentera, elle aussi, en une extériorité à l'image. Sans prétendre situer des « sources », déterminer des « influences littéraires », on peut retrouver une continuité de représentation entre le cinéma muet et le roman américain de l'entre-deux-guerres. Seulement, ce qui relève du gestuel, de l'expression corporelle, dans un film muet, se transpose évidemment sur le plan du langage dans un texte écrit. Ce qui crée une sorte de renversement spéculaire entre les deux *media* : alors que dans le film muet, le point de vue extérieur est créé par l'*absence* de dialogues, c'est le *foisonnement* (et l'importance cruciale) de ceux-ci dans les romans de Hammett (et encore plus de Chandler) qui y fonde la focalisation externe, ne permettant pas (surtout lorsque la narration est à la première personne) l'appréhension d'une vérité *intérieure* du héros et insistant sur son comportement social. Sur ce plan, une théorie de la représentation est à l'œuvre, qui détermine l'identité comme étant une donnée sociale observable uniquement à travers sa position inter-subjective (voire politique). Nul « univers intérieur », nulle « psychologie », ici. Aucune possibilité, du reste, de tenter de saisir un « sens » hypothétiquement caché à l'aide d'un raisonnement déductif rigoureux[72] ; le sens est tout entier dans le récit, dans l'action. L'allégorie n'est pas loin, qui permet, du reste, à la *technique*, justement, d'émerger dans toute sa force. On est loin de tout romantisme.

Et pourtant, celui-ci, tout naturellement, reviendra au galop. Car le plus intéressant, peut-être, dans le contexte de cette continuité entre le cinéma et la littérature, c'est le retour de manivelle : où ce même roman noir, si fortement imprégné de la représentation propre au film muet, envahit et marque de son sceau une partie importante de la production cinématographique (américaine). Mais il s'agit maintenant du cinéma parlant. Les romans de Dashiell Hammett, de Raymond Chandler, de Hemingway et d'autres sont adaptés (plusieurs fois, en certains cas) à l'écran, et les dialogues constituent un élément essentiel de cette adaptation. Cependant, intégrés à un système de représentation qui se veut « total » puisque possédant à présent une gamme variée de moyens d'expression pour exprimer l'identité du personnage, ces mêmes dialogues se voient investis d'un sens différent de celui qui était le leur dans le texte écrit. Alors qu'à l'origine, constituant quasiment la seule manifestation du personnage, ils disaient que, finalement, *c'était tout ce que l'on pouvait en dire*, transposés dans un film parlant, ces dialogues jouent de l'extériorité comme d'un masque et, éventuellement démentis par le regard, le sourire, etc., renvoient à une intériorité « réelle », ou plutôt à une réalité qui se pose comme étant essentiellement « intérieure ». Du *tout dire* l'on est passé au *dire le tout*. Partis de l'allégorie, nous aboutissons à un romantisme manifeste.

L'Étranger est écrit au moment même où ce processus est engagé. En 1941 paraît la troisième version filmée de *The Maltese Falcon* de Hammett[73]. Viendront ensuite les autres chefs-d'œuvre du cinéma noir (et du cinéma en général), où la démarche consiste avant tout en une adaptation du texte et, surtout, des dialogues, à l'écran[74]. D'un certain point de vue, le premier roman publié de Camus amorce le même tournant, par rapport à la « technique du roman américain », que l'adaptation cinématographique de ce dernier. Dans les deux cas, le « héros », de personnage anti-romantique, devient romantique par excellence. Certes, compte tenu de la spécificité des systèmes sémiotiques, la même démarche, qui veut conserver la focalisation externe tout en « intériorisant » le personnage, exigera des approches radicalement différentes de part et d'autre. Là où le film introduit des dialogues, l'écrivain les évitera ; et au regard du faux « dur » au cinéma, regard chargé de sous-entendus muets démentant sa parole, correspondra le cri (*sous-entendu*?) de Meursault, instance du sujet dans le discours du narrateur[75]. D'autre part, il est évident que la problématique proprement diégétique n'est pas identique, bien qu'il y ait meurtre et d'autres éléments proprement « policiers » dans *L'Étranger*. Cependant, dans les deux cas se manifeste la même réaction à la « technique américaine », ou plutôt à ce que celle-ci signifie dans un texte écrit.

Ainsi, si la référence à cette « technique » s'impose en ce qui concerne *L'Étranger*, c'est en un rapport beaucoup plus complexe que ne l'ont indiqué les critiques. Et c'est précisément à travers cette complexité que la relation inter-textuelle acquiert toute sa signification, investissant le rapport intra-diégétique du sujet à l'écriture (et au langage en général) d'un sens proprement historique. Dans le contexte favorable de la deuxième guerre mondiale, c'est-à-dire de la première lutte généralisée contre une conception ouvertement anti-individualiste de l'identité, *L'Étranger*, comme le cinéma « noir » des années Quarante, signale la réapparition d'un romantisme modèle. Où, face au « récit totalitaire » (l'expression est de J.-P. Faye) se dresse la résistance du sujet, telle l'attitude dénégatoire de Meursault qui, lui-même employé aux écritures et narrateur du récit, se détourne pourtant du greffier qui en assure l'inscription.

1. On entendra ici *écriture* au sens propre du terme : «*système graphique de notation du langage*» (O. DUCROT et T. TODOROV, *Dictionnaire encyclopédique des sciences du langage* [Paris, Seuil, 1972], p. 249). Sera «écriture», dans l'analyse qui suit, tout ce qui relève du langage écrit : lettre, journal, livre... Représenteront l'écriture tous ceux dont la fonction sociale (ou, éventuellement, narrative) est intrinsèquement liée à ce phénomène : journalistes, hommes de loi, fonctionnaires... Néanmoins, en suivant la logique du texte, on verra l'écriture se manifester également de manières moins évidentes.

2. Depuis sa parution, l'ouvrage de Lucien Dällenbach, *Le Récit spéculaire* (Paris, Seuil, 1977), constitue sans aucun doute la référence de base pour tout ce qui concerne le procédé littéraire de la mise en abyme.

3. C'est là, sans doute, la critique de fond à formuler à l'égard de l'ouvrage de L. Dällenbach, ouvrage par ailleurs impressionnant : il ignore presque totalement la dimension proprement scripturale du texte mis en abyme et, par là, la fonction structurelle ainsi que le sens de l'absence ou de la présence de cette dimension dans le récit spéculaire.

4. Étant donné le projet précis de cette étude, on renverra le lecteur plus particulièrement à *De la grammatologie* (Paris, Minuit, 1967) et à *Positions* (Paris, Minuit, 1972).

5. «Vouloir *est un classème anthropomorphe* [...] *qui instaure l'actant comme sujet*» (A. J. GREIMAS, *Du sens* [Paris, Seuil, 1970], p. 168).

6. Le concept, extrêmement fécond dans toute étude de l'idéologie textuelle, est de Jean Levaillant.

7. Je reprends là les termes de Brian T. Fitch dans *Narrateur et narration dans* L'Étranger *d'Albert Camus* (Paris, Lettres Modernes, «Archives des lettres modernes» 34, [1960] 1968) : «*Ce premier paragraphe* [...] *est d'une importance capitale, car il établit une certaine tonalité narrative.*» (p. 27).

8. La fonction, essentielle, de l'embrayeur *je*, dans le passage cité, est étudiée par Brian T. Fitch dans son article «Le Paradigme herméneutique chez Camus» paru dans le recueil *Albert Camus 1980 : Second International Conference, February 21-23, 1980, The University of Florida, Gainesville*, ed. Raymond GAY-CROSIER (Gainesville, University Presses of Florida, 1980). Se référant à la célèbre réflexion d'Émile Benveniste au sujet du fonctionnement déictique du pronom personnel *je* (ou *tu*), B. T. Fitch, au terme d'une analyse magistrale, démontre que l'appropriation de la position narratrice/subjective de Meursault par son avocat (et ailleurs, par le procureur) constitue une mise en abyme de l'énonciation de *L'Étranger* tout entier, texte où le *je* de la narration est, lui aussi, subverti, investi par le lecteur. La démonstration de B. T. Fitch est particulièrement convaincante, et cette analyse-ci s'en trouve confortée, puisqu'elle en retire le concept extrêmement fécond de *déictique* : car qu'est-ce qu'un déictique, sinon précisément une sorte de lieu de passage privilégié où communiquent directement parole et «vécu»? *Parole* — plutôt qu'écrit. Car, au fond (et cela, B. T. Fitch ne le dit pas ; mais il est vrai que ce n'est pas là son propos), n'est effectivement un déictique qu'un *je* (par exemple) totalement *contemporain* du

sujet énonciateur, c'est-à-dire, en fin de compte, un *je* « dit » plutôt qu'« écrit ». Ce sera en réprimant (et/ou en s'appropriant) la *parole* de Meursault que les représentants du scriptural réprimeront – s'approprieront ? – son « vécu ». (Cependant, plus loin, au cours de l'analyse, on verra la parole du sujet acquérir un statut autonome et le « vécu » se révéler être une donnée problématique.)

9. « *Énoncé narratif* », « *contenu narratif* », dirait Gérard Genette (*Figures III* [Paris, Seuil, 1972], p. 71).

10. Et la grammaire. C'est Harald Weinrich qui, dans *Le Temps* (Paris, Seuil, 1972) éclaire l'utilisation des temps dans *L'Étranger*, et surtout lors du procès : « *La situation judiciaire* [*est*] *par essence commentative. Elle peut inclure certains moments narratifs (= déroulement des faits, etc.), mais le récit n'est jamais une fin en soi, il donne lieu immédiatement à commentaire et à jugement. Le roman de Camus est centré sur le procès* [*et la vie de Meursault*] *devient objet de commentaire. À la place du récit, il n'y a plus que le protocole des débats* [...] *Temps judiciaire par excellence, le Passé Composé convient ici mieux que tout autre* [...] *En contraste avec ce Passé composé, l'accusé dans son rôle de narrateur recourt à l'Imparfait comme Temps de l'arrière-plan. Au sommet de ce réquisitoire, la rupture est consommée : les paroles de l'avocat général se détachent de Meursault et, réduites à un pur verbiage, ne frappent plus ses oreilles que de très loin* » (p. 314). C'est en ce sens que, comme on le verra vers la fin de l'analyse, le réquisitoire du procureur est une sorte de réécriture de la Première Partie : le dénominateur commun étant ce Passé Composé, cette dimension de commentaire. Ce qui met en question, bien entendu, la *vérité* (le récit comme *mythe*) de cette Première Partie.

11. GENETTE, *Figures III*, *op. cit.*.

12. « Explication de *L'Étranger* », in *Situations I* (Paris, Gallimard, 1947).

13. Une autre possibilité, qui rejoint d'une certaine manière le jeu, est celle d'une utilité pratique, matérielle. Ainsi, les assistants à l'audience du procès s'éventent avec des journaux : « *Cela faisait un petit bruit continu de papier froissé.* » (1185). Moment d'ironie caractéristique de *L'Étranger*.

14. Le mutisme de Meursault a souvent été remarqué, bien entendu. À commencer par Sartre qui, parlant de « *la hantise du silence* », dit que « *La première partie de* L'Étranger *pourrait s'intituler* [...] Traduit du silence » (« Explication... », *loc. cit.*, p. 106). Remarquons également, dans la masse des critiques de *L'Étranger*, l'article d'André Abbou « Les Paradoxes du discours de *L'Étranger* : de la parole directe à l'écriture inverse » (*Albert Camus 2 : « Langue et langage »*, Paris, Lettres Modernes, 1969), qui souligne le rapport négatif au langage de la part de Meursault (pp. 46-7), ainsi que le récent ouvrage de Jean Gassin, *L'Univers symbolique d'Albert Camus : essai d'interprétation psychanalytique* (Paris, Librairie Minard, 1981), dans lequel l'auteur insiste sur la dimension symbolique du silence, qui renvoie à l'immobilité et à la mort, d'une part (p. 119), tout en étant investi d'une valeur positive quant à la connaissance, de l'autre. Cependant, si chez le premier c'est le *sens* qui fait défaut, la perspective ne dépassant pas le cadre d'une analyse purement formelle – chez le second, c'est l'approche même,

thématique et psychologiste (bien plus que psychanalytique, au fond), qui empêche de percevoir la logique du fonctionnement textuel de ce « silence ».

15. Comme l'affirme Jean Gassin (*op. cit.*, p. 124).

16. Ou de celle, extérieure au texte, qui affirme de Meursault que « *le lecteur peut le considérer comme quelqu'un qui ne sait pas s'exprimer et que ses paroles trahissent inévitablement* » (B. T. FITCH, *Narrateur..., op. cit.*, p. 48).

17. Pour utiliser la terminologie de Gérard Genette (*Figures III*).

18. Que la prison soit le lieu de l'écriture se confirme également du fait du rapport mur-écriture qui se manifeste dans le dernier chapitre. Lors de l'entrevue avec l'aumônier, évidemment (on le constatera plus loin, en détail). Mais aussi à propos de la sentence : « *J'étais obligé de reconnaître que dès la seconde où elle avait été prise, ses effets devenaient aussi certains, aussi sérieux, que la présence de ce mur tout le long duquel j'écrasais mon corps.* » (1201).

19. *Narrateur..., op. cit.*, p. 69. Ce que B. T. Fitch lui-même reprend dans son récent ouvrage *The Narcissistic Text* (University of Toronto Press, 1981), en qualifiant de « fiction légale » (p. 52) le récit (fait par les hommes de loi) de la Deuxième Partie du meurtre et de la Première Partie tout entière. En règle générale, les analyses les plus récentes de B. T. Fitch recoupent et, en fait, précèdent plusieurs constatations de notre étude (la rédaction de celle-ci se terminant au moment où celles-là étaient publiées).

20. Bernard Pingaud fait remarquer (dans *L'Étranger de Camus* [Classiques Hachette, 1971], p. 23) que Camus, intitulant une étude sur le roman « L'Intelligence et l'échafaud », assimile « *métaphoriquement le rôle de l'écrivain à celui de l'exécuteur* ».

21. On pourrait prudemment leur adjoindre le juge d'instruction, cet « *homme aux traits fins, aux yeux bleus enfoncés, grand, avec une longue moustache grise et d'abondants cheveux presque blancs* » (1169), qui paraît « *très raisonnable* » à Meursault et, « *somme toute, sympathique* », surtout lorsque sera mentionnée, plus loin, l'impression de Meursault de « *"faire partie de la famille"* » (1174).

22. Le rapport Marie—Mère, ainsi que celui reliant Mer et Mère, a déjà été constaté, bien entendu, mais généralement dans une perspective extérieure au texte. Ainsi, A. de Pichon-Rivière et Willy Baranger, dans leur article « Répression du deuil et intensification des mécanismes et des angoisses schizo-paranoïdes. Notes sur *L'Étranger* de Camus » (*Revue française de psychanalyse*, t. XXIII, 1959, mai-juin), parlent du rapport de Meursault avec Marie comme d'une « *tentative d'élaborer la perte de sa mère* » (p. 413). Certes, mais énoncée dans une perspective psychanalytique, cette affirmation (qui a, du reste, l'inconvénient de pouvoir s'appliquer à presque n'importe quelle relation de ce genre) et l'argumentation qui la soutient ne mènent absolument pas au *sens* du texte. La même critique peut s'appliquer à l'ouvrage déjà cité de Jean Gassin, encore qu'ici l'absence de finalité soit compensée par une analyse originale : ainsi, Gassin relie Mère, mer et Marie par le relais du *sel* laissé par la jeune femme (à la suite de la première baignade avec Meursault) dans le traversin du sujet (p. 38).

23. Exception faite du procès proprement dit, où Marie sera, bien entendu, présente. Cependant, le sujet n'aura pas de contacts directs avec elle : « [...] *je n'avais pas cherché Marie du regard pendant tout le procès.* » (1198).

24. Ce qui se traduit, dans une perspective différente, par le passage suivant : « *Maintenant, à n'en plus douter, nous sommes à la place du héros, dans sa tête et dans sa peau, partageant d'une manière suivie toutes ses perceptions sensorielles, auditives, tactiles et visuelles, du contact avec la chaleur et l'éclat du soleil, avec l'eau qui trempe ses pieds, aux paroles mal comprises et saisies au vol. Pour le lecteur, Meursault n'est plus vu de loin, tenu à distance par l'évocation de ses paroles et de ses gestes : nous sommes en pleine subjectivité.* » (B. T. FITCH, *Narrateur..., op. cit.*, p. 41).

25. Cet article de 1954 est repris dans *Les Critiques de notre temps et Camus*, textes présentés par Jacqueline Levi-Valensi (Paris, Garnier, 1970). Les citations sont tirées de cette édition.

26. L'association classique du soleil à l'instance paternelle apparaît dans diverses critiques et analyses de *L'Étranger*. Ainsi, dans le livre de A. Costes, *Albert Camus ou la parole manquante* (Paris, Payot, 1973), p. 168, ou encore, quoique d'une manière plus hésitante, chez Jean Gassin (*op. cit.*), pp. 22-4.

27. Jean Gassin (*op. cit.*, p. 226) établit un rapport intéressant, sur le plan symbolique, entre le couteau de l'Arabe, le Père et la guillotine.

28. L'ensemble de ces concepts : musicalité, syntagme, système, gamme — relève évidemment d'une conception classique, occidentale, de la musique. Il ne s'agit donc pas de questionner ici la musicalité *absolue* des trois notes répétées à l'infini, mais bien celle, culturellement délimitée, des trois notes (d)écrites dans un texte français de 1942.

29. Où l'on voit une des faiblesses de beaucoup de lectures de *L'Étranger* qui, à la suite de l'analyse de Sartre, ne voient dans de tels moments que de la « poésie », certaines pour s'en réjouir, d'autres pour le déplorer. Il ne s'agit là ni de « poésie », ni, d'ailleurs, de simple « anthropomorphisme », comme l'écrit Robbe-Grillet (*Pour un nouveau roman* [Paris, Gallimard, « Idées », 1963], p. 72), mais bien d'un travail symbolique totalement intégré à la cohérence du récit, à la structure diégétique du texte.

30. « Pour un nouveau procès de *L'Étranger* », *PMLA*, LXXIX, December 1964, repris en français dans *Albert Camus 1 : « Autour de* L'Étranger *»* (1968), puis dans le recueil de R. Girard, *Critique dans un souterrain* (Lausanne, L'Âge d'homme, 1976). Les références renvoient à cette dernière édition.

31. « *Rester fidèle aux intentions évidentes du premier Camus* » (p. 117[30]) ; « *Camus a voulu prouver* » (p. 123[30]) ; « *Camus ne pouvait pas déceler le défaut de structure de son roman* » (p. 126[30]) ; etc. .

32. Où l'on retrouve une structure ternaire, close et cyclique chère au romantisme du XIXe siècle. Où c'est un quatrième personnage, d'Artagnan, qui fait intervenir l'action, l'événement, la *diachronie*, dans le monde équilibré, routinier, clos, *classique*, des *Trois Mousquetaires*.

33. Écriture *occidentale*, bien entendu. C'est en ce sens qu'il faut penser le

parallèle, déjà évoqué par des critiques, entre les quatre coups de feu et l'ouverture de la Cinquième Symphonie de Beethoven. Celle-ci a sans aucun doute une connotation idéologique fort évidente dans la civilisation occidentale moderne. Et c'est au niveau d'une telle *connotation* qu'un parallèle de ce genre prend son sens. Ce qui n'apparaît pas chez ceux qui l'ont proposé jusqu'ici. Ainsi, J.-C. Coquet (« L'Objet stylistique », *Le Français moderne*, n° 1, 35ᵉ année, janvier 1967), parlant en ce contexte de stéréotype, de cliché, de « *métaphore dont le caractère convenu est* [...] *clair* » (p. 60), affirme tout de go que *référence* est faite à ces premières mesures de la Cinquième Symphonie. La différence est pourtant grande entre un parallèle *possible* et une référence dont on voit mal la justification ou le caractère « convenu ».

34. Sans entrer dans une discussion détaillée de la signification des noms propres dans *L'Étranger* (certains articles traitant ce sujet sont cités dans la bibliographie établie par B. T. Fitch dans *L'Étranger d'Albert Camus, un texte, ses lecteurs, leurs lectures* [Paris, Larousse, 1972]), il est intéressant de souligner le fait qu'ils échappent à la catégorie de l'incompris dans l'écriture : « [...] *je n'ai pas très bien compris tout ce qui s'est passé ensuite,* [...] *une lecture rapide de l'acte d'accusation, où je reconnaissais des noms de lieux et de personnes* [...]. » (1184) ; ce qui se manifeste également d'une manière inverse : « *J'ai mis du temps à comprendre* [*le procureur*], *à ce moment, parce qu'il disait "sa maîtresse" et pour moi, elle était Marie.* » (1194). C'est à partir d'une telle distinction du nom propre, donné comme *lisible* au sein de l'écriture caractérisée par le non-sens, que se propose et se justifie le projet d'une herméneutique spécifique. Et de fait, la plupart des noms propres qui surgissent dans le texte renvoient à un monde divin : Marie, Céleste, Emmanuel, ainsi que Raymond, dont le nom de famille évoque phonétiquement cet élément essentiel de la religion chrétienne, le saint. C'est au niveau des noms propres, comme sur le plan fonctionnel, que ces personnages renvoient à ce monde, antérieur, équilibré, non-événementiel, « *où j'avais été heureux* » (1166), comme au Paradis. Notons, *a contrario*, que les représentants de l'écriture (directeur, patron, concierge, juges, avocats, journalistes, aumônier, etc.) n'ont pas de nom propre.

35. C'est en ce sens que pourraient être reprises, ici, les lignes de René Girard qui mettent en rapport direct l'écriture (de Camus) et le meurtre (de l'Arabe) sur un fond commun de solipsisme affirmé mais contredit : « *Camus et son héros ont fait le serment de ne plus avoir avec autrui que des contacts superficiels. En apparence tous deux respectent leur serment* [...]. *Mais Meursault ne va pas jusqu'à éviter de tuer l'Arabe, et Camus ne va pas jusqu'à s'interdire d'écrire* L'Étranger » (*op. cit.*, p. 136).

36. Ainsi, l'ouvrage déjà cité de B. T. Fitch (*Narrateur...*), et *L'Art du récit dans* L'Étranger *d'Albert Camus* de M.-G. Barrier. Ce dernier, cependant, à force de restreindre son approche aux « techniques » (narratives ou autres) de Camus, en arrive à parler d'*oublis* (p. 26) et d'*inadvertances* (p. 27) de la part de l'auteur de *L'Étranger*, au détriment de ce que pourrait être le *sens* du texte.

37. Ce qui peut se traduire ainsi : « *C'est dans* L'Étranger [...] *qu'on trouvera*

le vrai solipsisme. Meursault ne lit pas et n'écrit pas. On ne l'imagine pas en train de soumettre un manuscrit à un éditeur ou de corriger les épreuves. Les activités de cet ordre n'ont pas leur place dans une existence "authentique". » (GIRARD, *op. cit.*, p. 131[30]). Bien entendu, l'explication contenue dans cette dernière phrase paraîtra désormais bien vague. Si Meursault n'écrit pas, c'est bien parce qu'il a une conception négative de l'écriture. De ce point de vue, il est dans la logique des choses que là où R. Girard voit une « *esthétique du silence* » (p. 135[30]), l'on parlera, ici, plutôt d'une *éthique*.

38. Et par Camus lui-même en premier lieu, puisque « *le sens du livre tient exactement dans le parallélisme des deux parties* » (*Carnets II* [Paris, Gallimard, 1964], p. 30).

39. L'approche thématique de Jean Gassin aboutit à une conclusion similaire (*op. cit.*, p. 115).

40. Abattement qui se terminera, définitivement, avec la dernière cigarette, qui n'apparaît pas dans le texte : celle du condamné qu'on va exécuter. Cigarette qui signifie que d'ici peu, effectivement, rien ne changera plus.

41. « *C'est que la forme totale du corps par quoi le sujet devance dans un mirage la maturation de sa puissance, ne lui est donnée que comme Gestalt, c'est-à-dire dans une extériorité où certes cette forme est-elle plus constituante que constituée, mais où surtout elle lui apparaît dans un relief de stature qui la fige et sous une symétrie qui l'inverse, en opposition à la turbulence de mouvement dont il s'éprouve l'animer.* » (Jacques LACAN, « Le Stade du miroir », p. 95 in *Écrits* [Paris, Seuil, 1965]). Il n'y a pas de lecture naïve et l'on se sera déjà aperçu que la psychanalyse pointe, ici et là, à l'horizon de mon propos. Mais on aura peut-être également constaté que la similarité même de certains concepts permet à cette étude d'affirmer, paradoxalement, son indifférence profonde à l'égard de cette discipline.

42. Il faut se permettre ici un écart, une transgression des interdits méthodologiques que je me suis fixés, afin de déchiffrer la lampe à alcool et les morceaux de pain à partir de systèmes extérieurs au texte. Cette faiblesse est sans doute pardonnable, car la symbolique ici désignée fait trop intrinsèquement partie du monde culturel dans lequel baigne *L'Étranger* pour qu'on puisse la traiter de purement extérieure.

43. Ce que B. T. Fitch indique sur un autre plan : « *La gamelle fonctionne* [...] *par rapport au protagoniste d'une manière parfaitement analogue au fonctionnement de l'ensemble du texte de la deuxième partie du récit par rapport au lecteur* » (« Le Paradigme herméneutique chez Camus », *loc. cit.*, p. 36). Où la diachronie, justement, *est* cette Deuxième Partie.

44. J'ai tenté ailleurs (*L'Espace imaginaire d'un récit : « Sylvie » de Gérard de Nerval* [Neuchâtel, La Baconnière, 1976]) de suivre le chemin magistralement indiqué par Jean Starobinski, dans divers ouvrages (et particulièrement dans *L'OEil vivant* [Paris, Gallimard, 1961]), pour ce qui concerne l'analyse de la *vision* dans un texte. Où l'absence du regard subjectif renverrait à un univers sacré mythique, indissociable, continu ; et où sa présence, au contraire,

146

impliquerait la constitution du sujet et, donc, son apprentissage d'une réalité historique avec laquelle il entretient des rapports dialectiques. Où le regard s'associerait ainsi à la *diachronie* narrative, à une évolution.

45. Jean Gassin associe, lui aussi, par le biais de son approche thématique, la pierre (chaude) à la mère (silencieuse), toujours par l'intermédiaire du *sel* (*op. cit.*, pp. 44-5). Cependant, il ne fait pas le rapprochement entre cette pierre et le mur de la cellule, ou entre cette Mère et le visage de femme évoqué par l'aumônier.

46. Bien sûr, l'ambiguïté subsiste : Meursault est adossé au mur comme les Arabes l'étaient à la devanture du bureau de tabac (1159). Dans les deux cas, ce à quoi l'on s'adosse est en même temps ce contre quoi l'on s'insurge, ce que l'on veut abattre : ici, la loi du scriptural, là une conception phallocratique de la femme. Deux portraits de colonisés, en quelque sorte. Cependant, seuls les Arabes restent dans une situation *tragique*. Meursault, lui, tourne au *romantisme* en ce que, narrateur, il *communique*.

47. « *La manière dont un roman se sert du matériau parole pour construire sa société et produire du sens* » (Claude DUCHET, « Le Trou des bouches noires. Parole, société, révolution dans *Germinal* », *Littérature*, n° 24, décembre 1976).

48. Les représentants attitrés de l'écriture — juges, avocats et journalistes (ainsi que l'aumônier) — ne feront pas partie du corpus étudié ici. C'est que leur parole est évidemment régie, dans sa totalité, par l'écriture et, donc, s'intègre tout « naturellement » au texte, alors que celle de Céleste, Raymond, etc. produit, au contraire, un effet d'*écart* significatif. Il n'en reste pas moins que les propos du directeur, du juge d'instruction, etc. méritent une analyse — mais proprement stylistique, qui n'est pas de ma compétence.

49. Un autre groupe social pourrait (ou devrait) être associé aux vieillards et aux Arabes, dans ce contexte : les femmes. En effet, Marie, la mère de Meursault, la Mauresque, la femme de Masson, l'infirmière et même la femme-automate (dont la féminité est sans doute ambiguë) entretiennent toutes un rapport privilégié au silence, ou plutôt au *non-dire*. Le texte insiste, en effet, sur la sonorité des voix féminines, au détriment des messages qu'elles portent. L'infirmière déléguée à l'enterrement a « *une voix singulière qui n'allait pas avec son visage, une voix mélodieuse et tremblante* » (1135) ; la Mauresque a une voix aiguë (1149) ; la femme-automate a « *une voix à la fois précise et précipitée* » (1155) et la femme de Masson a un « accent parisien ». On a vu ce qui en est du silence de la mère de Meursault et de Marie. Cependant, l'analyse d'un langage (ou d'un nonlangage) spécifiquement féminin s'inscrit, à mon avis, dans une lecture globale de la féminité dans le texte, analyse qui déborde largement notre propos.

50. Il est évident que le terme *perruches*, dans ce contexte, renvoie à une idéologie phallocratique ou le *faire* est conjugué exclusivement au masculin.

51. « *Ils nous regardaient en silence, mais à leur manière, ni plus ni moins que si nous étions des pierres ou des arbres morts. [...] Je me suis retourné. Ils étaient toujours à la même place et ils regardaient avec la même indifférence l'endroit que nous venions de quitter.* » (1159).

52. Notons qu'à l'Arabe, travailleur que l'on présente comme improductif, s'oppose avant tout Raymond, parasite par excellence, qui affirme être « magasinier ». Et n'oublions pas, bien entendu, que Raymond vit précisément de la prostitution de la sœur de cet Arabe.

53. L'essentiel de cette thèse, ainsi que la liste des ouvrages qui la soutiennent, est résumée dans les pages 81-3 du livre de B. T. Fitch, *L'Étranger d'Albert Camus, un texte, ses lecteurs, leurs lectures* (*op. cit.*).

54. À l'exception d'Emmanuel qui, bien que travaillant avec Meursault, n'écrit pas − il « *travaille à l'expédition* » (1141), parle encore moins que Céleste et est le seul personnage que l'on voit rire « *à perdre haleine* » (1141-2) dans un contexte de pur plaisir. Par ailleurs, relevant nominalement du même domaine divin que Céleste, il est également associé à ce personnage dans son incapacité à *jouer* (écriture) à *regarder* (lecture) droit dans les yeux de l'Autre : « *C'est un jeu que je connaissais bien. Je m'en amusais souvent avec Emmanuel ou Céleste et, en général, ils détournaient leurs yeux.* » (1206).

55. De même que l'aumônier demandera au prisonnier de *voir* (voir un « visage divin », le signe d'une transcendance, sur le mur), le directeur de l'asile demande lui aussi, de manière évidemment moins impérative, si le sujet ne veut pas *voir* sa mère (1126, 1131). Cette demande de la part des représentants de l'écriture est caractéristique en ce qu'elle est couplée avec un *aveuglement* du sujet. Ainsi, le même concierge qui invite Meursault à voir, tourne un commutateur, « *et j'ai été aveuglé par l'éclaboussement soudain de la lumière* » (1128). Et le texte souligne qu'il ne s'agit pas d'un accident : « *Je lui ai demandé si on pouvait éteindre une des lampes.* [...] *Il m'a dit que ce n'était pas possible. L'installation était ainsi faite : c'était tout ou rien.* » (1129). Cette « installation » correspond de toute évidence à la « mécanique » de la Deuxième Partie, où le procureur parlera d'ailleurs de « *l'aveuglante clarté des faits* » (1193).

56. Il faut noter le virage serré qu'effectue le sens de la phrase de l'infirmière : « *Il n'y a pas d'issue.* » (1135), dans la pensée de Meursault, à la fin du deuxième chapitre de la Deuxième Partie (1181). C'est là une des caractéristiques de la banalité dans *L'Étranger* que d'être reprise dans un sens autrement profond que ne le laissait supposer son énonciation première.

57. Voir p. 1142. Remarquons toutefois qu'au dernier des énoncés de Céleste : « *c'est malheureux* », le sujet ne donne pas son accord : « *au fond, personne ne peut savoir* », pense-t-il sans le dire ouvertement au restaurateur. N'y aurait-il pas là un sens spécifique dans la mesure où il s'agit précisément du syntagme repris − et déformé − par Raymond ? Car Meursault refusera la version de Raymond tout autant que celle de Céleste. *Plus* même, en ce qu'il le *dit* directement : « *Il m'a demandé si ça ne me dégoûtait pas et j'ai répondu que non.* » (1143). La position de Meursault par rapport à cet énoncé signifierait ainsi une évolution, ou du moins une situation particulière : ne s'identifiant plus à Céleste, n'acceptant pas encore le point de vue de Raymond. Entre le Paradis du silence et le purgatoire de la parole. Et il est difficile de ne pas rappeler, dans ce contexte, qu'à la locution figée d'Emmanuel − « *si on y allait* » (1141) − Meursault répond posi-

tivement, mais sans aucune parole (« *et je me suis mis à courir* »). Se confirmerait ainsi l'hypothèse d'une fonction narrative de ce genre d'énonciation, du moins en ce qui concerne la série Emmanuel (banalité - silence)/Céleste (banalité - réserves non formulées)/Raymond (banalité - refus formulé).

58. J.-C. Coquet propose, lui aussi, dans son article « Problèmes de l'analyse structurale du récit. *L'Étranger* d'Albert Camus », *Langue française*, n° 3, septembre 1969, un tel rapport, qu'il schématise sous la forme consacrée par les travaux de Lévi-Strauss :

Meursault : Arabe : : Juge : Meursault (p. 65)

Et si le juge n'est pas le même (chez J.-C. Coquet, il s'agit du juge d'instruction), les perspectives semblent pourtant se recouper, encore que les propos soient totalement différents.

59. Différence manifeste à travers sa projection spéculaire, lorsque les Arabes regardent Meursault et ses amis « *à leur manière, ni plus ni moins que si nous étions des pierres ou des arbres morts* » (1159). La méconnaissance de la socialité, de l'humanité des non-Arabes par le regard de l'Arabe place celui-ci en une socialité *a priori* différente.

60. Un terme affleure dans ce système de réécriture permanente : *métalangage*. Que le métalangage (c'est-à-dire un langage dont l'univers référentiel serait un autre langage) relève du mythe ; que ce mythe sert une idéologie bien précise, c'est bien ce que montre, en un sens, *L'Étranger*. J'ai tenté de le démontrer dans : « Métalangage : les paradoxes du référent », *Littérature*, n° 27, octobre 1977.

61. J.-P. SARTRE, *L'Idiot de la famille, Gustave Flaubert de 1821 à 1857* (Paris, Gallimard, « Bibliothèque de philosophie », 1972). Les pages qui concernent cette analyse sont celles du tome III, Livre I (« La névrose objective»).

62. Ainsi, l'Histoire est souvent caractérisée comme ternaire et close, au XIXe siècle (voir la Préface de *Cromwell*, le *Cours de philosophie positive*, etc.). Un phénomène similaire est apparent dans des idéologies romantiques plus récentes, par exemple dans certains mouvements écologistes.

63. Roland BARTHES, *Le Degré zéro de l'écriture* (1953) ˙(Gonthier, « Médiations », 1964).

64. Ce que Michel Butor exprime autrement, parlant de Camus : « *Camus est certainement romantique. Il y a à certains égards le romantisme d'une école littéraire qui a son grand éclat en 1830. Cette école-là, évidemment, fait partie des manuels de littérature. Mais il y a un mouvement qui commence à partir de la fin du XVIIIe siècle et qui se développe jusqu'à maintenant sans interruption [...] Il y a une continuité absolue entre les romantiques et la littérature contemporaine. Tous les retours au classicisme qui ont lieu au XIXe siècle, à peu près tous les dix ans, sont complètement et définitivement morts* » (Frédéric SAINT-AUBIN, « Entretien avec Michel Butor », *The French Review*, XXXVI, no. 1, October 1962).

65. Voir *De la grammatologie*, en particulier les pages 105 et 127–31, ainsi que *La Voix et le phénomène* (Paris, P.U.F., 1967).

66. « *Les signifiants acoustiques ne disposent que de la ligne du temps ; leurs éléments se présentent l'un après l'autre ; ils forment une chaîne.* Ce caractère apparaît immédiatement dès qu'on les représente par l'écriture »(Ferdinand de SAUSSURE cité par DERRIDA, *De la grammatologie, op. cit.*, p. 105). De ce point de vue, la philosophie classique semble aboutir à son propre renversement : la linéarité de l'écriture prime, en quelque sorte, celle de la parole.

67. Jean Grenier, dans « Une Œuvre, un homme » (paru dans les *Cahiers du Sud*, février 1943, n° 253, et repris dans *Les Critiques de notre temps et Camus, op. cit.*) est le premier, semble-t-il, à suggérer un tel rapport. Il sera suivi par l'« Explication » de Sartre, bien sûr, ainsi que par un certain nombre d'études, essentiellement de critiques américains. La référence au roman américain, et particulièrement à Hemingway, est contestée (du moins telle qu'elle est représentée par Sartre) par Harald Weinrich (dans *Le Temps, op. cit.*, p. 309).

68. « Non, je ne suis pas existentialiste », interview donnée aux *Nouvelles littéraires* du 15 novembre 1945. Extraits publiés dans le volume des *Essais* (Paris, Gallimard, « Bibl. de la Pléiade », 1965), pp. 1424-7.

69. Ainsi que le note Bernard Pingaud (*op. cit.*, p. 31).

70. Mais c'est surtout au remarquable ouvrage de Claude-Edmonde Magny, *L'Âge d'or du roman américain* (Paris, Seuil, 1947), qu'il faut se référer pour ce qui concerne les rapports entre les modes narratifs de certains romanciers américains des années 1930, et particulièrement de Dashiell Hammett, et du cinéma. Bien que se situant dans une perspective différente et insistant, de ce fait, sur certains éléments plus ou moins absents de cette étude (tel le passage, au cinéma, du muet au parlant), mon analyse dans ce domaine ne fait, au fond, que reprendre une partie des thèses exposées par Cl.-E. Magny il y a plus de trente ans.

71. Meursault va au cinéma deux fois avec Emmanuel (1148), une fois avec Marie (1137). Cette dernière séance lui sera reprochée au procès, parce qu'elle survient le lendemain de l'enterrement de la mère : voir un film (imaginaire), c'est également une manière de ne pas voir la mère morte (réalité), c'est-à-dire de ne pas reconnaître la Loi scripturo-paternelle. Il y a un rapport certain entre la fonction intra-diégétique du cinéma, dans *L'Étranger*, et la place que prend ce roman dans la révolution amorcée par le septième art dans la représentation occidentale de la réalité.

72. Ainsi, de l'identité du criminel. L'opposition des auteurs noirs américains (et en particulier de Chandler) au roman policier classique, essentiellement anglais, va bien au-delà d'une simple question d'esthétique (cohérence, structure du récit, etc.). Il s'agit là d'une controverse qui vise la conception même de l'identité par rapport à une « intériorité » métaphysique.

73. Les deux premières furent produites en 1931 et en 1936, mais sans succès. On peut considérer que le troisième essai, premier film de John Huston, symbolise le début de la période des films noirs américains les plus classiques.

74. Mentionnons, pour l'exemple, *Double Indemnity*, mis en scène par Billy Wilder sur un scénario de Chandler, d'après un roman de James Cain ; *The Big Sleep*, réalisé par Howard Hawks, le scénario étant de Faulkner, d'après le roman

de Chandler, et notons que cet âge d'or du dialogue «noir» percutant, au cinéma, amorce son déclin à partir de 1950, environ, date à laquelle est produit l'extraordinaire *Sunset Boulevard* de Billy Wilder, film dont la problématique tout entière est celle d'une opposition film muet/film parlant.

75. Cette position de *L'Étranger* n'est pas unique, du reste. Il est intéressant de constater une évolution parallèle *au sein même* du roman noir américain, l'exemple le plus révélateur étant peut-être la sérialisation des enquêtes de Marlowe et la mutation du personnage dans les derniers ouvrages de Chandler. Ce que l'écrivain indique lui-même dans une lettre écrite en 1949 : « *Le moment vient où il faut choisir entre le rythme et la profondeur, entre l'action et les personnages, l'angoisse et l'humour. Je choisis toujours le second élément, maintenant.* » (*Lettres* [Paris, Christian Bourgois, 1970], p. 250).

TABLE

exemplaire conforme au Dépôt légal de décembre 1983
bonne fin de production en France
Minard   73   rue du Cardinal-Lemoine   75005 Paris